JN409614

• 이본느 모건의 고양이 자수 •

이상한 나라의 고양이

| 만든 사람들 |

기획 실용기획부 | **진행** 한윤지·윤지선 | **집필** 이명성 | **편집 · 표지 디자인** D.J.I books design studio

| 책 내용 문의 |

도서 내용에 대해 궁금한 사항이 있으시면
저자의 홈페이지나 아이생각 홈페이지의 게시판을 통해서 해결하실 수 있습니다.

아이생각 홈페이지 www.ithinkbook.co.kr
아이생각 페이스북 www.facebook.com/ithinkbook
디지털북스 카페 cafe.naver.com/digitalbooks1999
디지털북스 이메일 digital@digitalbooks.co.kr
저자 이메일 morgunlee@naver.com
저자 홈페이지 www.yvonnemorgun.com

| 각종 문의 |

영업관련 hi@digitalbooks.co.kr
기획관련 digital@digitalbooks.co.kr
전화번호 (02) 447-3157~8

※ 잘못된 책은 구입하신 서점에서 교환해 드립니다.

※ 아이생각은 DIGITAL BOOKS의 취미 · 실용분야 브랜드입니다.

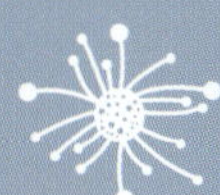

• 이본느모건의 고양이 자수 •

이상한 나라의 고양이

| 이명성 저 |

CONTENTS

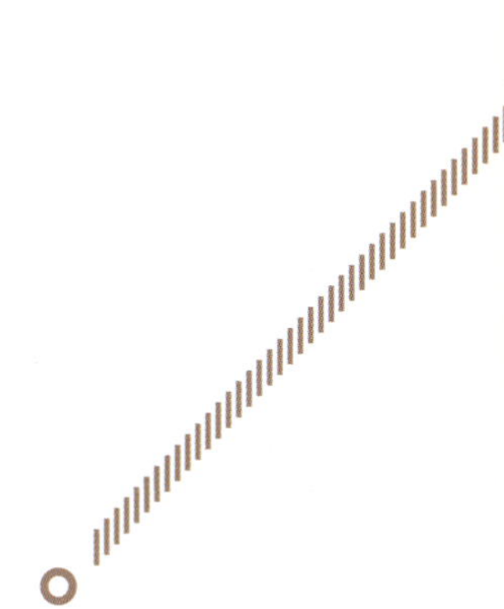

PROLOGUE

고양이가 주변에 있는 삶이란.

집에서는 길냥이 출신 고등어냥 리차드군, 공방에서는 삼색이 카오스냥이 요정이와 함께 하는 삶을 살고 있습니다.

아침에 눈을 뜨면 어떻게 알고 코인사를 하러 오는 리차드군은 사촌 동생이 길에서 업어왔는데, 저에게 와서 함께한 지 8년이 되었습니다. 순둥순둥하고 겁이 많은 리차드는 그루밍을 너무 좋아해서 목욕 따위 필요 없는 세상 깔끔냥입니다.

새벽 3시, 공방에서 열심히 캔들을 만들던 중, 바스락거리는 소리에 고개를 드니 고양이 한 마리가 공방에 들어와 있었습니다. 동그랗게 눈을 뜨고 저를 쳐다보는 모습이 영락없이 '요정' 같아서 이름이 요정이가 되어 지금은 공방에서 함께 생활하고 있습니다.

고양이는 필요할 때만 발톱이 나오는 모찌손발로 걸어 다니기 때문에 소리가 나지 않습니다. 조용하게 주변을 맴돌며 반짝이는 눈으로 집사를 바라보는 것이 일상입니다. 저를 바라보지 않을 때면 어디선가 누워있거나 자고 있는 것이 분명한데, 어느 장소라도 전신을 늘어뜨려 가장 편한 자세로 늘어져 있는 것이 가장 큰 특기이자 취미입니다.

언젠가 고양이들과 말이 통한다면 같이는 못 살지 않았을까, 하는 생각을 해본 적도 있습니다. 주관이 뚜렷한 이 아이들의 요구를 일일이 들어주기는 힘들었을지도 모릅니다. 고양이는 고양이 말로 저는 제 언어로, 알아듣는 듯, 못 알아듣는 듯 그렇게 서로를 이해하며 함께하는 시간은 생각보다 따뜻하고 풍요롭습니다.

식물을 다루시는 부모님이 계신 제가 식물을 그리고 수놓듯, 고양이를 수놓는 일도 너무나 자연스러운 일이었습니다. 어느 날 갑자기 제 언어로 고양이가 말을 걸기라도 하듯, 이야기 속의 한 장면에 아이들을 출연시켜 보았습니다. 집사님들이라면 한 번쯤은 상상해보셨을 장면일 것 같습니다. 고양이 자수들을 보며 어떤 아이가 가장 우리 집 아이 같은지 한 번 상상 해보시길 바라봅니다.

이 책만의 특징

- 고양이의 다양한 포즈를 쉽게 따라하실 수 있게 다양한 포즈 도안을 준비했습니다. (124p)
- 다양한 고양이의 종류에 따라 실색을 구분했습니다. (18p)

PART 01

자수 시작하기

Candle Shop
diffuser
ornament
interior goods

chapter. 01

기본 재료와 도구

자수는 기본적인 도구들을 구비해 두면 때에 따라 천과 실만 보충해주는 것으로 충분한 취미생활입니다. 사이즈가 작고 가벼운 재료들이기 때문에 밝은 곳이라면 어디든 들고 다니면서 즐길 수 있습니다. 자수를 처음 시작하는 분들에게 꼭 필요한 기본 자수도구들입니다.

01. 천 천의 종류 (린넨, 광목)

❶ 16수 린넨 / ❷ 염색 20수 린넨 / ❸ 16수 광목

이 책에서 가장 많이 쓰인 천은 린넨과 면입니다. 직조방식으로 짜여 있는 무명, 데님, 면 등 천이면 거의 다 자수를 놓는 것이 가능합니다. 린넨은 아마식물로 짠 직물의 총칭으로 종류와 색이 다양하므로 취향에 맞게 골라 사용하시면 됩니다. 린넨은 실의 짜임을 육안으로 비교적 쉽게 확인할 수 있기 때문에 자수를 놓기가 수월합니다. 가끔 세탁을 하면 수축이 되는 천들도 있으니 자수를 놓기 전에 한번 확인해 보는 것도 좋겠습니다.

TIP … 자수를 완성한 후 다림질을 할 경우에는 뒷면을 다려서 앞면의 자수 모양이 눌리지 않도록 합니다.

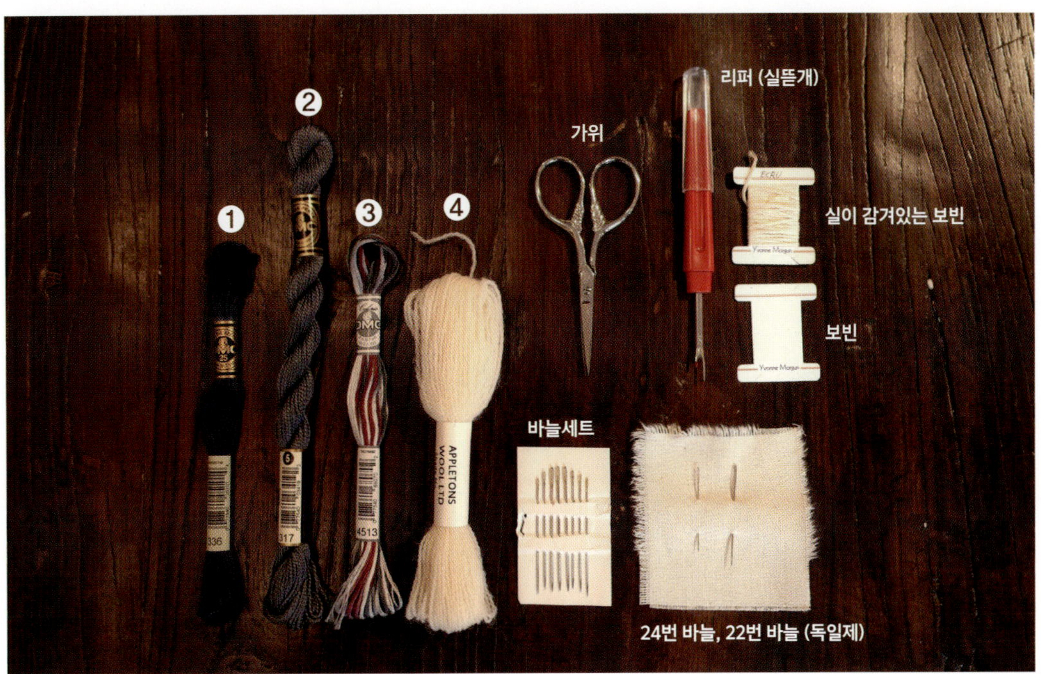

❶ 25번사 / ❷ 5번사 / ❸ 베리에이션 실 25번사 / ❹ 울사

02 . 바늘

실을 꿰어 천을 통과시키는 도구입니다. 실 사이즈에 따라 바늘귀(바늘의 구멍) 사이즈를 바꿔가며 사용합니다.
본 도서에서는 24번 바늘(독일제)을 주로 사용했습니다. 다양한 사이즈의 세트로 되어있는 바늘도 좋지만 1가닥부터 6가닥까지 넉넉히 들어가는 24번 바늘은 바늘을 바꿀 필요가 없어 사용하기 편리합니다.

- **24번 바늘** - 바늘귀가 넓어 실을 끼우기 쉽고 4가닥까지 들어갑니다.
- **20번 바늘** - 울사, 5번사 전용 바늘입니다.

TIP … 최근 자수를 하는 분들이 늘어나면서 자수 도구들도 점점 다양해지고 종류도 늘어나고 있습니다. 모든 도구가 모든 사람에게 편리한 것은 아닙니다. 이것저것 사용해 보고 나에게 맞는 편한 도구들을 사용해 보는 것도 좋겠습니다.

＊ 실 가닥수에 따라 사용하기 좋은 바늘 사이즈 (클로버 바늘 기준)

6~8가닥 _ **3호** / 3~4가닥 _ **5호** / 1~2 가닥 _ **7호**

03 . 실

❶ 25번 사 :

본 도서에서는 자수를 할 때 가장 많이 쓰는 25번사를 주로 사용했습니다.
자수실은 3번, 5번, 10번, 15번, 25번사가 있는데, 가장 많이 쓰는 실은 십자수실이라고 알고계시는 25번사 자수실입니다. 자수의 꽃은 단연 자수실인 것 같습니다. 약 500여 가지의 실 중에서 좋아하는 색을 골라 예쁜 도안을 채워가는 일은 자수의 큰 즐거움 중 하나입니다.

❷ 5번 사 :

본 도서에는 사용하지 않았지만 입체 자수를 할 때 많이 사용하는 실입니다. 실이 두꺼워 지지할 수 있는 힘이 있어 다양한 입체자수를 구사하기 좋습니다.

❸ 베리에이션 실 :

보통 하나의 실에 5가지 정도의 색이 섞여 있기 때문에 유니크한 느낌을 줄 때 사용합니다.

❹ 울사 :

사진은 APPLETONS 울사입니다. 100% 울로 이루어진 실이라 자수를 할 때 너무 조밀하지 않은 천을 골라 사용해야 합니다. 본 도서에는 사용하지 않았지만 털이 복슬복슬한 느낌을 표현하거나 겨울 느낌이 나게 하고 싶을 때 사용하는 실입니다.

04 . 보빈

보빈은 실을 감아 보관하는 도구입니다. 사진의 보빈은 자체 제작한 종이 보빈으로 보통은 같은 모양의 플라스틱 보빈을 많이 사용합니다. 최근에는 길(吉)자형 보빈이나 나무집게에 실을 감아 사용하는 등, 실 보관법이 다양해졌습니다. 사용해 보시고 가장 편리한 도구를 사용하시기를 추천 드립니다.

05 . 가위

가위는 실을 자르거나 천을 자를 때 사용합니다. 자수 전용 가위나 원단 전용 가위가 있으면 더 좋지만 보통 가위를 사용해도 크게 어려움이 있지 않습니다. 실은 얇고 작기 때문에 작은 가위를 사용하면 더 편리합니다.

06 . 실뜯개(리퍼)

자수를 하다 보면 수놓은 자수를 뜯어내고 다시 수놓아야 하는 경우가 있습니다. 리퍼는 가위보다 더 정확하게 수놓은 부분을 뜯는 도구입니다. 아랫부분 안쪽에 날카로운 칼 부분이 있어서 실 아래에서 위로 뜯듯이 지나가면 자수를 잘 뜯어낼 수 있습니다.

07 . 기화성 펜 / 08 . 먹지, 스타일러

❶ 파란색 기화성 펜 :

파란색 기화성 펜 : 연필로 도안을 그려도 좋지만 자수 전용 기화성 수성펜을 사용하면 도안을 지울 때 더 편리합니다. 햇빛에 오래 두면 날아가기도 하지만 비누 없이 물에 담그거나 흐르는 물에 대기만 해도 잘 지워지는 자수 전용 수성펜입니다.

❷ 보라색 기화성 펜 :

보라색 기화성 펜은 습도에 따라 빠르면 5분 내외로 사라지는 펜입니다. 자수를 하는 도중 수정하고 싶으시거나, 빨지 않고도 깨끗하게 지워지는 펜을 원할 때 유용한 자수펜입니다.

❸ 흰색 자수 펜 :

백묵 펜처럼 꾹꾹 누르면 안에 있는 흰색 액체가 펜촉으로 나오면서 사용할 수 있는 펜입니다. 주로 짙은 색(검은색, 곤색, 빨간색)천에 도안을 그릴 때 사용합니다. 기화성 펜처럼 쉽게 지워지지는 않고, 두 시간 정도 물에 담갔다가 살살 만지면서 지우면 더 잘 지워집니다.

❹ 초크 펜 :

말 그대로 사용하기 편하도록 쵸크를 연필처럼 만들어놓은 자수 펜입니다. 초크 펜은 흰색과 하늘색 두 가지가 있습니다. 보통 천에는 재단할 때 더 많이 사용하지만 손으로 천을 탁탁 치거나 털면 사라지는 펜이므로 자수 도안을 그릴 때도 유용합니다.

❺ 먹지 :

일반 문구점에서 파는 먹지를 사용해 도안을 그려도 상관없습니다. 하지만 잘 안 지워지는 경우가 있으므로 자수 전용 먹지를 추천합니다. 천에 따라 필요한 색을 골라서 사용할 수 있습니다. 자수 전용 먹지는 완전히 깔끔하게 그려지지 않기 때문에 스타일러로 꾹꾹 눌러 그린 후 덧그려서 사용합니다.

❻ 스타일러 :

스타일러는 먹지를 쓸 때 사용하는 먹지 전용 펜으로, 정확하게 도안을 따라 그리기에 편리합니다. 다 쓴 볼펜이 있으면 스타일러 대용으로 사용 할 수 있습니다.

09 . 수틀

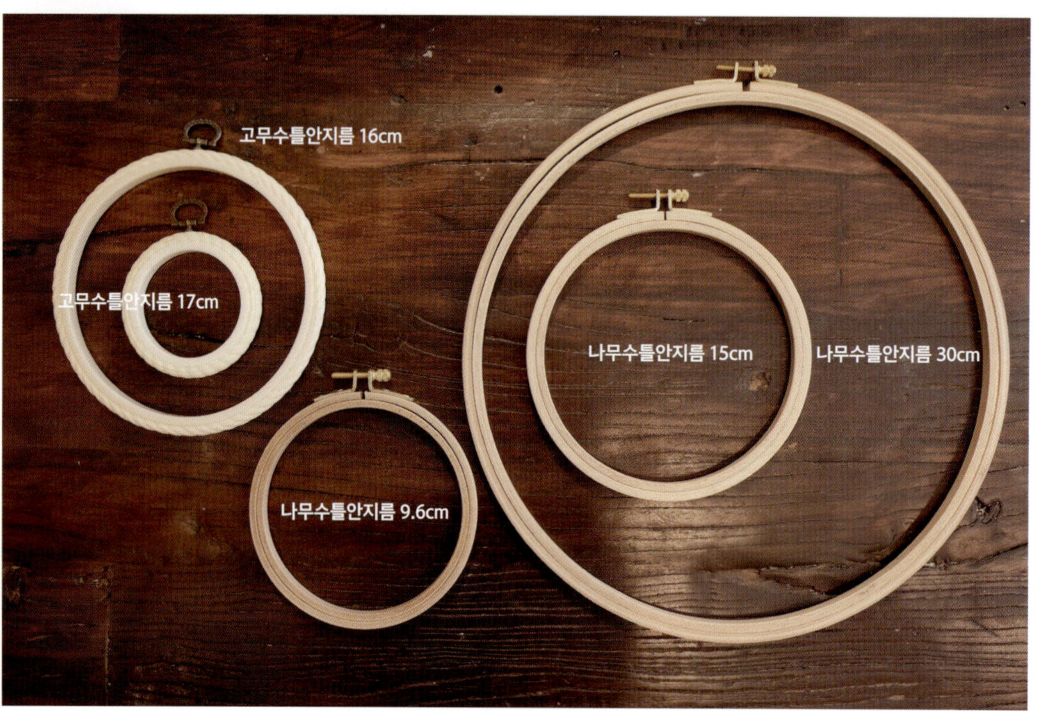

수틀은 나무 수틀과 고무 수틀이 있습니다. 최근에는 자수 도구의 종류가 다양해지면서 쇠로 된 수틀도 있고, 고무 수틀도 모양과 색이 다양해져서 취향에 맞는 수틀을 골라서 사용하시면 됩니다. 사이즈는 가장 작은 안지름 9.6cm부터 가장 큰 사이즈 안지름 30cm로 다양합니다. 개인적으로 손 안에 들어오기 가장 좋은 사이즈는 안지름 9.6cm 수틀입니다.

TIP … 모든 도구는 많이 사용하면 익숙해지기 마련입니다. 연습을 많이 하시면 손에 익어 내 몸 같은 도구들을 만나시게 될 것입니다.

❖ 중급자들을 위한 자수 도구

01. 천 이외의 자수를 놓을 수 있는 재료

❶ 펠트 :

펠트는 두께와 색이 다양해서 취향에 맞게 골라서 사용할 수 있습니다. 직조구조의 천과 다르게 합성섬유에 압력을 가해 만들어졌기 때문에 올이 풀리지 않습니다. 가위로 자르면 더 이상 올이 풀리지 않기 때문에 원하는 모양으로 잘라서 사용할 수 있는 것이 장점입니다.

❷ 실크 :

최근 국외 아티스트들이 많이 사용하는 재료 중 하나로, 투명하게 비치는 것이 특징입니다. 드레스나 안감으로 사용하는 원단으로 자수 전용 원단이 아니라 불편한 점이 있지만 자수를 완성했을 때 주변이 비치는 모습 때문에 독특한 느낌의 자수 소품을 완성할 수 있습니다.

❖ 고양이 종류에 따른 실 색깔 안내

고등어냥이 / 삼색이
(BLANC, 310, 420, 3781, 3031)

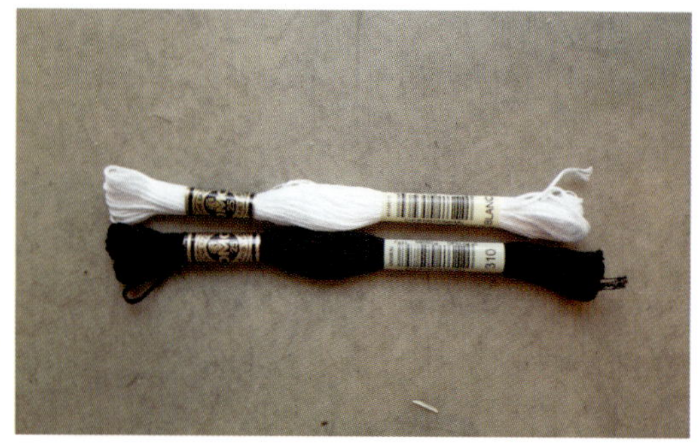

젖소냥이
(BLANC, 310)

치즈태비 / 스코티쉬 폴드
(3866, ECRU, 3864, 3856, 3895)

샴
(3866, 3864, 3031)

러시안블루
(414, 3884, 535, 645)

chapter. 02

자수 시작하기

❖ 자수에 대한 궁금증을 해결해 드려요

궁금증 01. ＼ 실을 얼마나 세게 당겨야 할까요?

자수는 실을 바늘에 꿰어 천을 통과시켜 다양한 방법으로 당기는 과정입니다. 실을 당길 때는 꽉 당긴다기보다는 실이 천에 알맞게 닿을 때까지 당긴다고 생각하시면 됩니다. 실을 천에 가져다 대는 느낌입니다. 너무 꽉 당기면 스티치의 모양이 변형됩니다.

궁금증 02. ＼ 자수를 하면 어떻게 활용할 수 있을까요?

보통 실크나 가죽 이외의 면이나 광목 데님 등 직조로 이루어진 직물에는 대부분 자수가 가능합니다. 그러므로 면천 등의 천으로 만들어진 의류나 제품에도 자수를 하는 것이 가능합니다. 다만 완제품에 자수를 놓은 경우 천이 너무 겹쳐서 두꺼워질 수 있으니, 부자재가 있는 부분은 피해서 수를 놓으면 좋습니다.

궁금증 03. ＼ 자수를 하려면 그림을 잘 그려야 하나요?

많은 분들이 궁금해하시는 질문 중의 하나입니다. 물론 그림을 잘 그리면 자수를 하는 데도 도움이 됩니다. 하지만 그림을 그리기 너무 힘들다면 먹지를 사용하거나 작은 도안들부터 그려서 자수를 시작해 보는 것도 좋은 방법입니다. 너무 큰 도안을 한꺼번에 다 그리려면 너무 어렵게 느껴질 수도 있습니다. 작은 도안들은 생각보다 그림 실력이 많이 필요하지 않습니다. 작은 도안들을 하나씩 스스로 그려보면 시간이 걸려도 조금씩 실력이 늘게 될 겁니다.

궁금증 04. ＼ 손재주가 없는데 자수를 할 수 있을까요?

사람마다 하는 일이 다르고 일상생활에서도 손을 쓰는 방식이 다르기 때문에, 처음 바늘을 잡고 실을 꿰어 자수를 하는 일이 어려울 수도 있습니다. 다른 일들과 마찬가지로 꾸준히 연습하다 보면 실력이 느는 걸 확인하실 수 있습니다. 천천히 차근차근히 하다 보면 어느 날 한 땀 한 땀 예쁜 자수가 손에 들어오는 걸 보실 수 있습니다.

❖ 자수를 잘하는 Tip

❶ 기초 스티치 꾸준히 연습하기

자수는 매일 하던 일이 아니기 때문에, 생각하는 것처럼 스티치가 예쁘게 나오지 않을 수도 있습니다. 모든 스티치를 다 할 수 있는 것보다 간단한 스티치를 먼저 완벽하게 이해하고 수놓는 것이 더 좋습니다. 쉬운 스티치를 잘하게 되면 바늘과 실을 다루는 실력이 늘기 때문에, 고급스티치도 더 예쁘게 수놓을 수 있습니다.

❷ 천천히 수놓기

자수는 다양한 스티치로 이루어진 하나의 그림을 완성하는 일입니다. 새로운 언어를 배울 때 단어를 먼저 배우고 나서 문장을 완성하듯, 스티치를 하나하나 배우다 보면 도안을 완성하게 됩니다. 단어 하나하나를 정확히 말해야 뜻을 이해할 수 있듯이 한 땀 한 땀을 예쁘게 완성해야 예쁜 그림을 만들 수 있습니다. 도안을 빨리 완성하려고 급하게 수를 놓다보면 뒷면의 실이 엉키기도 하고, 스티치의 모양이 마음에 들지 않아 기껏 해낸 자수를 뜯어야 할 때도 있습니다. 하나하나 천천히 수를 놓는 것이 오히려 더 빨리 도안을 완성하는 방법입니다.

❖ 자수를 시작하기 전에

— 보빈에 실감아 보관하기

8m씩 말려있는 실을 그냥 빼서 사용하다 보면 엉키기가 쉽습니다. 보빈에 실 번호를 적어 보관하면 보기에도 편하고 색을 고를 때도 편리합니다.

25번사를 준비해 포장을 벗깁니다. 중앙을 잘 가릅니다.

왼쪽 손목에 끼운 채 실의 끝을 보빈의 중앙, 갈라진 부분에 낍니다.

천천히 실을 뽑아가며 감습니다.

보빈 위의 갈라진 부분에 감긴 실의 끝을 끼웁니다.

보빈에 실 번호를 적어 실 번호를 잊어버리지 않도록 합니다.

* 사진의 보빈은 이본느 모건에서 제작한 종이 보빈입니다. 시중에서 플라스틱 보빈을 구매하실 수 있습니다.

— 실통에 넣어 실 보관하기

실 전용 보관통에 실과 함께 부자재를 보관하면 들고 다니기 편리합니다.

— 실 빼기

보빈에 감은 실은 약 80cm씩 잘라서 사용합니다.

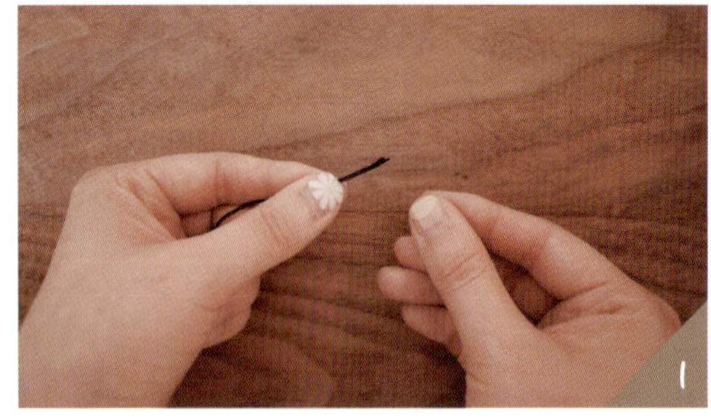

25번사는 6가닥입니다. 왼손으로 실을 잡습니다.

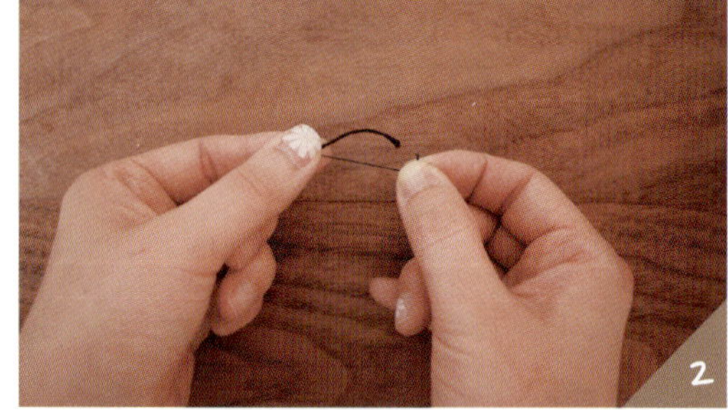

6가닥 중에 한 가닥을 잡아 뺍니다.

왼손으로 실이 빠질 만큼 누르면서 오른손으로 실을 잡아당깁니다.

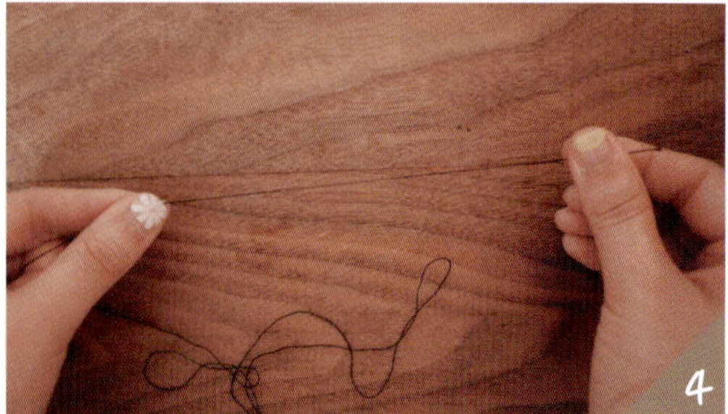

왼손을 고정한 채 끝까지 잡아당기면 엉키지 않습니다.

*꼭 한 번에 한 가닥씩 빼도록 합니다. 2가닥이나 3가닥을 사용한다고 해서 한꺼번에 2가닥 이상을 빼면 엉킵니다.

— 여러 가지 실색 보관하기

80cm 씩 잘라서 사용하는 실은 보빈에 세로로 감아서 보관해도 좋지만, 보통은 한꺼번에 겹쳐서 보관하다가 원하는 실색을 한 가닥씩 빼서 사용합니다.

여러 개의 실을 겹쳐서 한쪽을 묶어두면 쉽게 엉키지 않습니다.

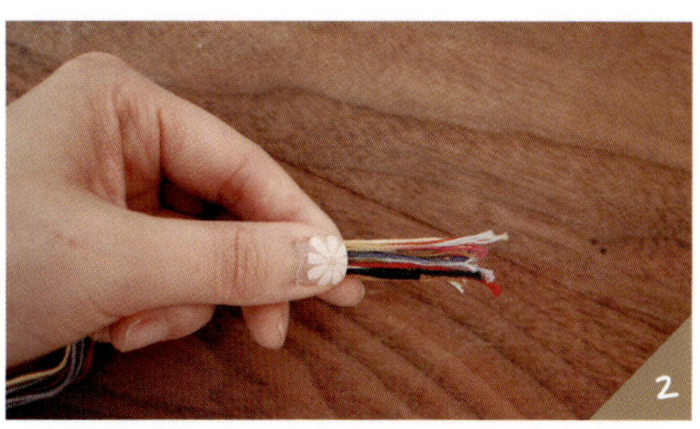

여러 개의 실을 한꺼번에 왼손으로 잡습니다.

원하는 실색 한 가닥을 뽑습니다.

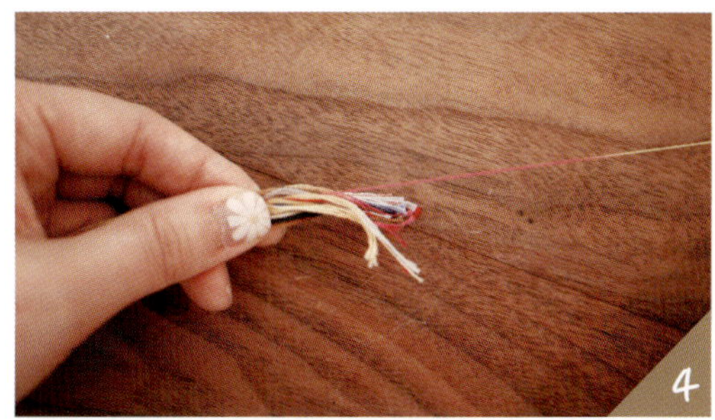

왼손은 계속 꾹 눌러 자리를 움직이지 않고 끝까지 당깁니다.

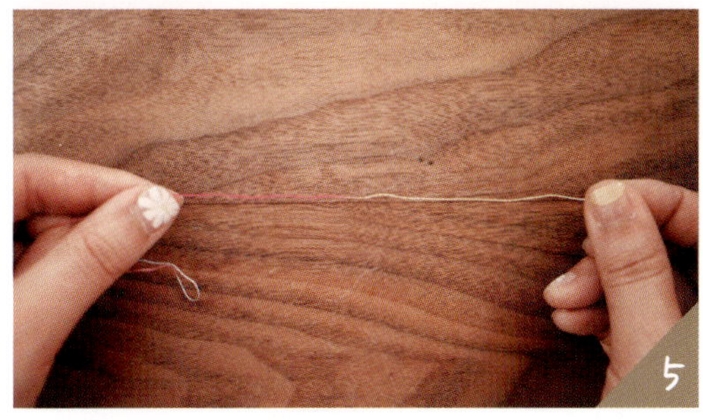

끝까지 당겨서 실 한 개를 뺀 모습입니다.

실 정리하기

자수는 스티치 하나하나가 예뻐야 전체적으로 예쁜 도안이 완성됩니다. 매듭을 짓기 전에 실을 정리하면 더 예쁜 자수를 수놓을 수 있습니다.

바늘에 실을 꿴 후 실을 손으로 잡아당겨 정리해주면 자수를 하다가 실이 엉키지 않게 할 수 있습니다.

사진과 같이 왼손 엄지손톱을 이용해 실을 당기면 실끼리 가지런히 정리되어 한 땀 한 땀 예쁜 자수를 수놓을 수 있습니다.

매듭짓기

바늘에 실을 꿰어 자수를 놓기 전에 매듭을 지어야 합니다. 원하는 곳에 매듭을 짓는 간단한 방법을 보여드리겠습니다.

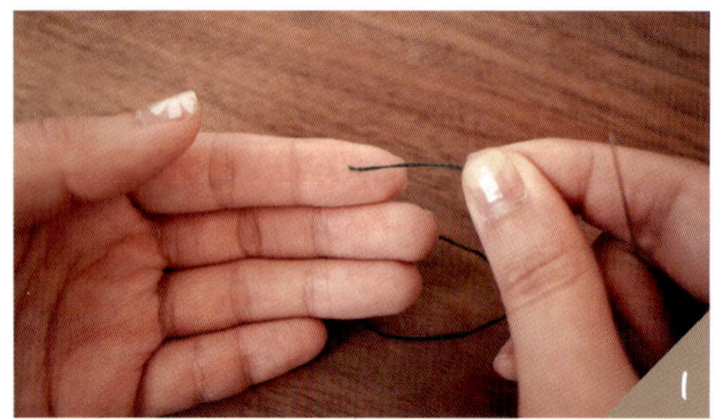

왼손 검지 위에 실 끝을 왼손 검지와 평행하게 올립니다.

십자가 모양으로 바늘을 실 위에 누르듯이 올립니다.

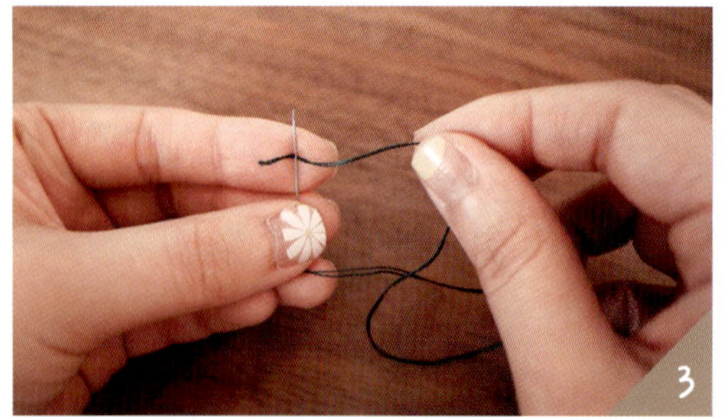

바늘을 왼손 엄지로 고정하고 오른손으로 실을 잡습니다.

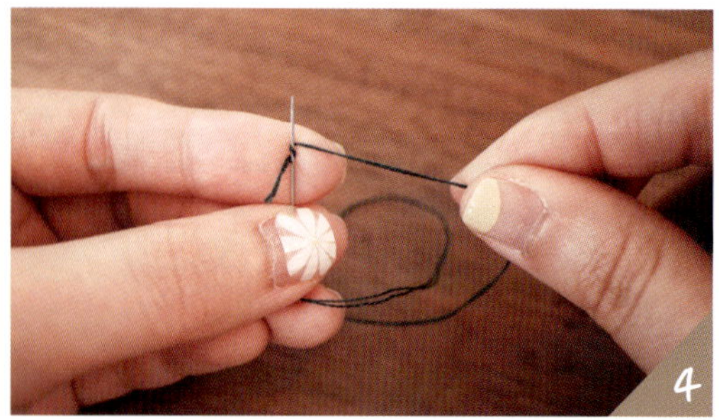

오른쪽에서 왼쪽으로 바늘을 한 번 감습니다.

오른쪽에서 왼쪽으로 바늘을 두 번 감습니다.

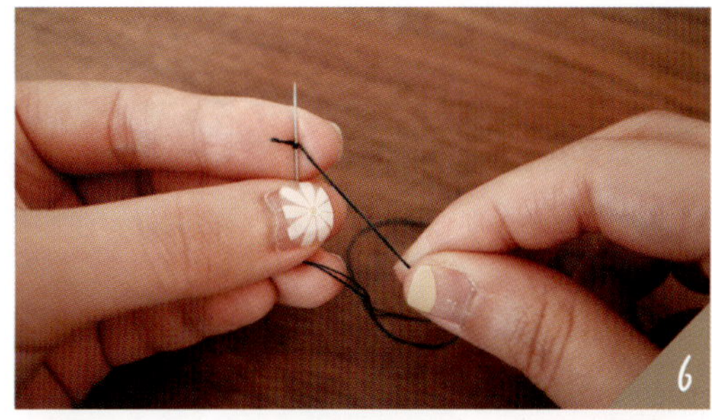

오른손을 끝까지 당겨 아래쪽으로 실을 모읍니다.

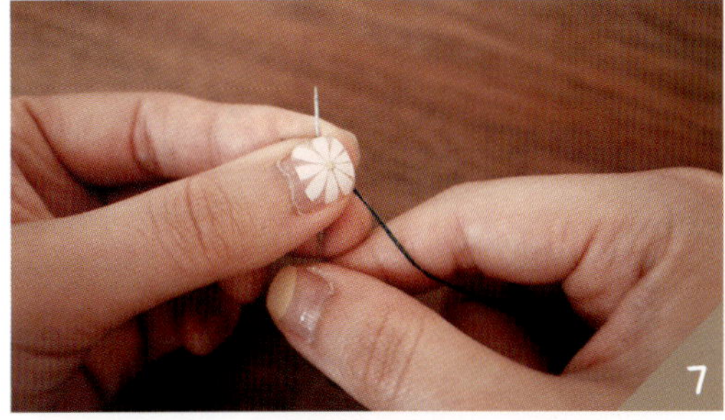

왼손 엄지로 감은 부분을 꾹 누릅니다.

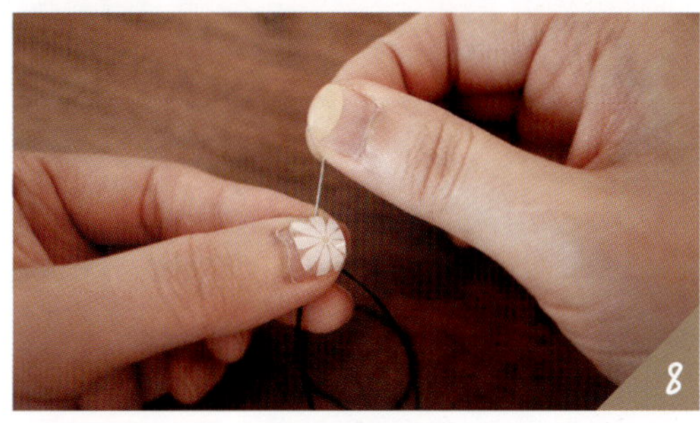

오른손으로 바늘을 잡아 위로 당깁니다.

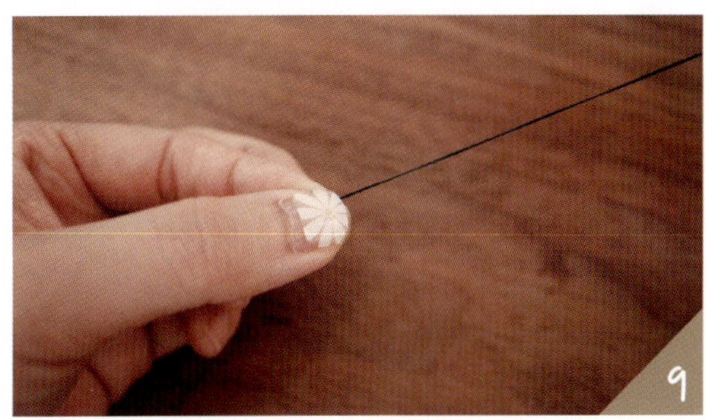

끝까지 당길 때까지 왼손 엄지를 놓지 않습니다.

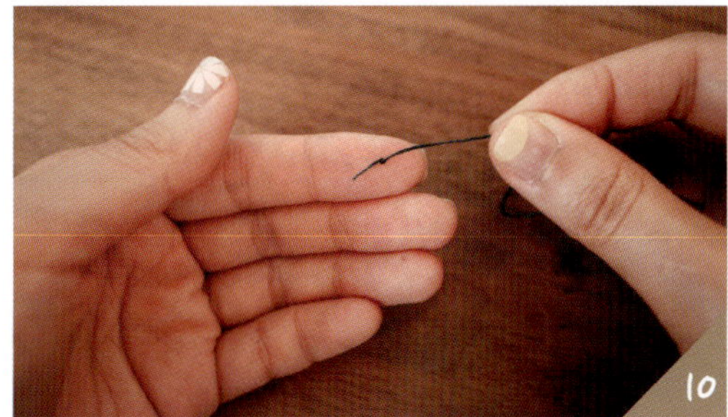

완성된 매듭의 모습입니다.

수틀 끼우기

수틀이 꼭 필요한 것은 아니지만 수틀에 천을 끼워서 수놓으면 왼손에 부담이 덜합니다. 스티치에 따라 수틀이 편할 수도 불편할 수도 있습니다. 상황에 맞게 수틀을 사용하시면 됩니다.

고무 수틀 끼우기

수틀을 분리하고 안쪽 틀을 먼저 바닥에 놓습니다.

안쪽 틀 위에 천을 올립니다.

바깥 고무 수틀을 아래부터 끼웁니다.

수틀을 굴리듯 밀면서 위로 끼웁니다.

고무 수틀을 끼운 모습입니다.

나무 수틀 끼우기

나무 수틀을 분리하고 안쪽 수틀을 먼저 놓습니다.

안쪽 수틀 위에 원하는 천을 올립니다.

위에 달린 손잡이를 안쪽으로 돌려 풀고, 천 위에 끼웁니다.

손잡이를 바깥쪽으로 돌려 수틀을 고정합니다.

울어있는 천을 잡아당겨 전체적으로 평평하게 만듭니다.

— 먹지 사용 방법

먼저 그리고 싶은 도안을 준비합니다.

도안을 그릴 천을 준비합니다.

천 위에 먹지를 놓고 그 위에 도안 종이를 얹습니다.

스타일러를 이용해 도안을 따라 꾹꾹 눌러 그립니다.

자수 펜을 이용해 흐릿한 도안을 정확하게 다시 그립니다.

완성된 자수 도안입니다.

뒷면 매듭짓기

스티치를 마무리 한 후, 천을 뒤집어 뒷면을 매듭지어야 스티치가 풀리지 않습니다.

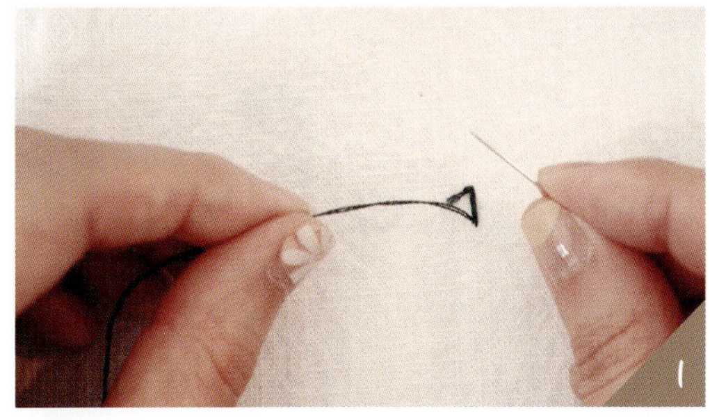

매듭을 지을 곳에 왼손과 오른손을 가까이 가져와 사진처럼 준비합니다.

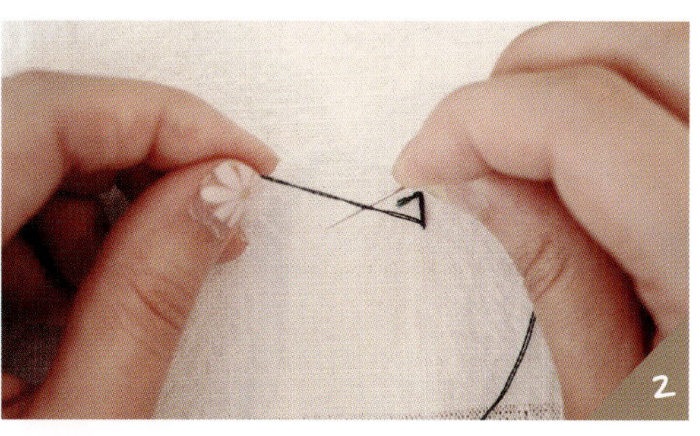

왼손으로 실을 당기고 바늘을 실 아래로 보냅니다.

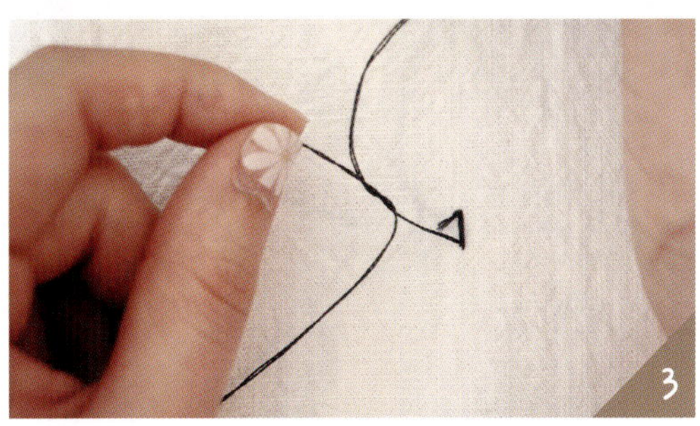

그대로 바늘을 위로 통과합니다.

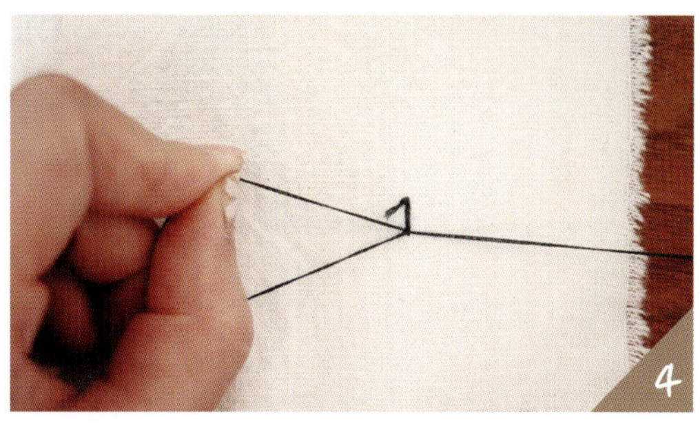

왼손으로 실을 잡고 바늘을 3시 방향으로 당겨 천과 가까이 붙도록 합니다.

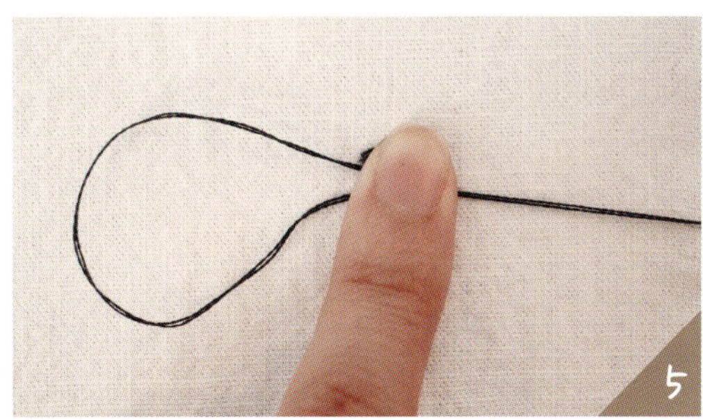

왼손으로 매듭 부분을 누르면서 오른손으로 실을 당깁니다.

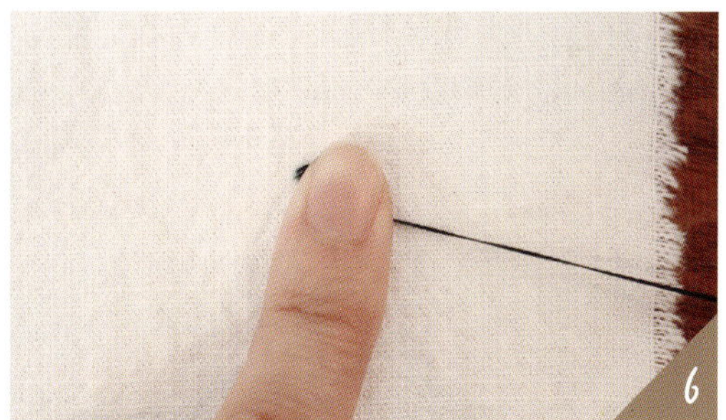

끝까지 실을 당긴 모습입니다.

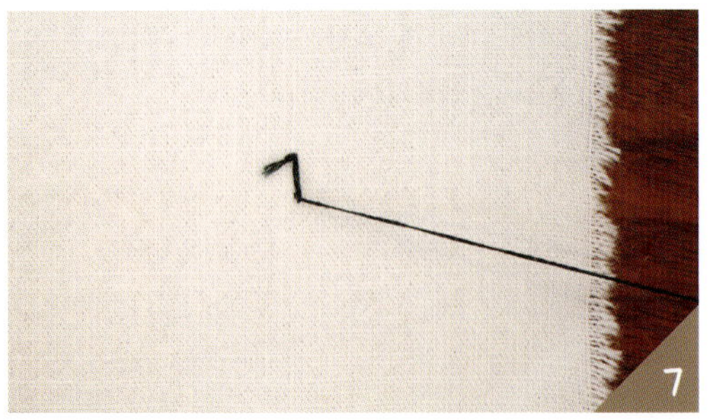

매듭이 지어진 모습입니다.

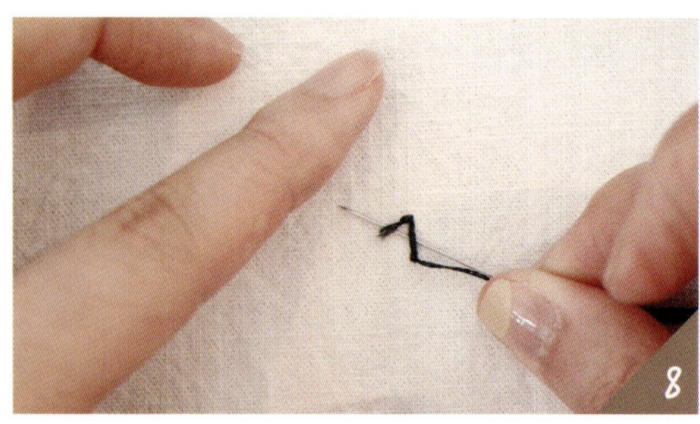

매듭 위에 스티치 뒷면이 있으면 바늘을 스티치 사이로 넣습니다.

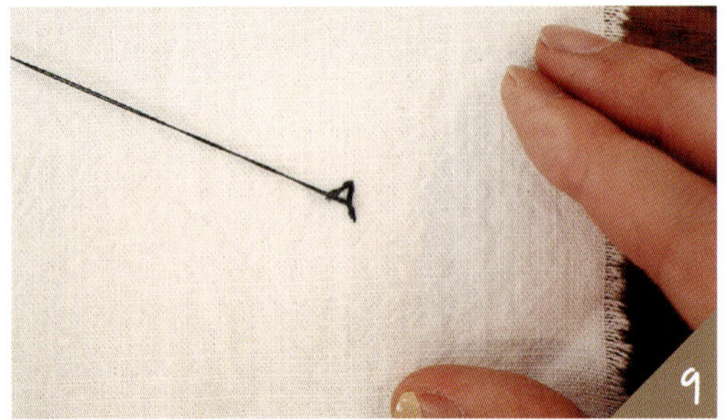

끝까지 당긴 모습입니다.

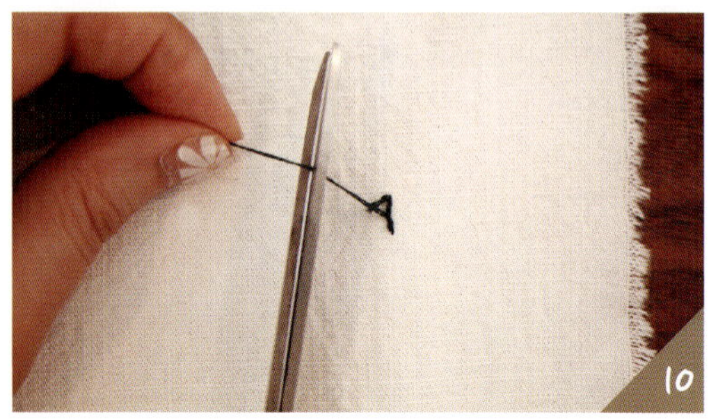

당긴 실은 잘라줍니다.

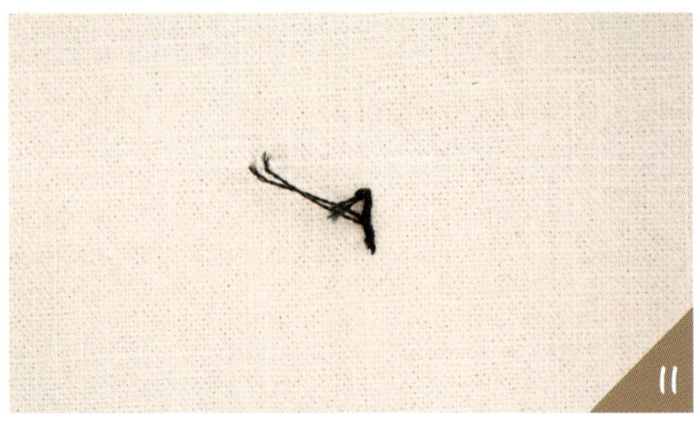

완성된 뒷매듭 모습입니다. 윗 스티치에 바늘을 걸어 마무리하면 뒷면이 조금 더 깔끔하게 마무리 됩니다.

— 스티치 달래주기

스티치를 마무리 한 후 천을 뒤집어 뒷면을 매듭지어야 스티치가 풀리지 않습니다.

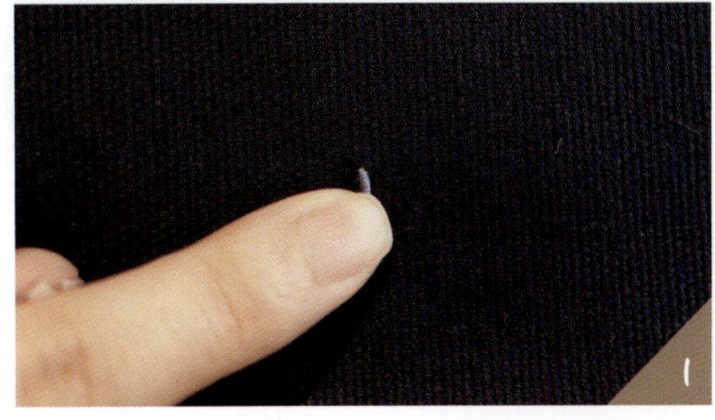

수놓은 스티치를 손가락으로 살살 만져주면 실들이 일정하게 자기 자리로 돌아가면서 예쁘게 마무리됩니다.

예쁘게 마무리된 블리온 스티치입니다.

PART 02

기본 스티치 익히기

chapter. 01 - 기본 스티치를 이용한 작품 사진들

돼냥이 세 마리

어디에 올려놔도 그 모양 그대로 자리 잡고 잘 자는 아이들, 거기에 뚠뚠하기까지 한 아이들의 매력은 정말 치명적입니다. 어느 구석이라도 들어가서 잘 끼워져서 자는 고양이들은 정말 어떻게 그렇게 세상 편하게 자는지 모르겠습니다.

chapter. 01 - 기본 스티치를 이용한 작품 사진들

눈의 여왕

고양이 계의 눈의 여왕이라면 단연 페르시안 친칠라가 아닐까 싶습니다. 동그랗게 뜬 눈으로 꼬리를 탁탁 치며 나를 바라보는 친칠라 고양이, 새하얀 친칠라 고양이가 스노우볼 안에서 나를 바라보고 있습니다. 무슨 생각을 하는 걸까요?

chapter. 01 - 기본 스티치를 이용한 작품 사진들

걸리버 고양이

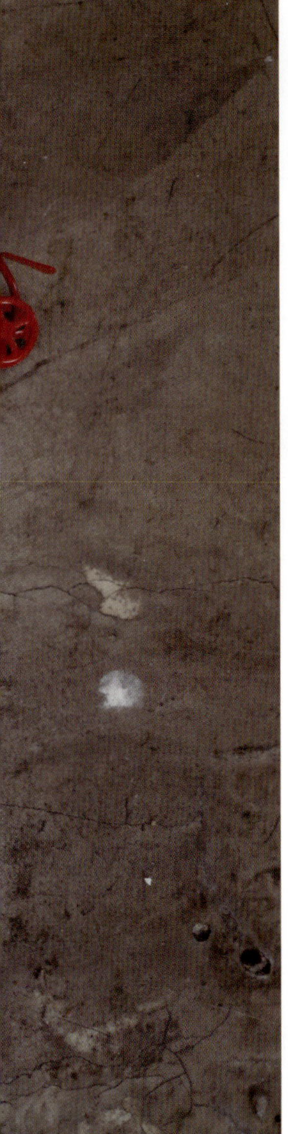

걸리버 여행기처럼 거묘를 상상해 보았습니다. 거묘와 함께 페스티벌을 즐겨보는 건 어떤 느낌일까요? 포근포근한 털 속에서 헤엄치고, 발가락 사이를 파고 들어 거대한 발톱을 만지는 스릴은 어떨까요.

chapter. 01 - 기본 스티치를 이용한 작품 사진들

트럼프 킹 캣

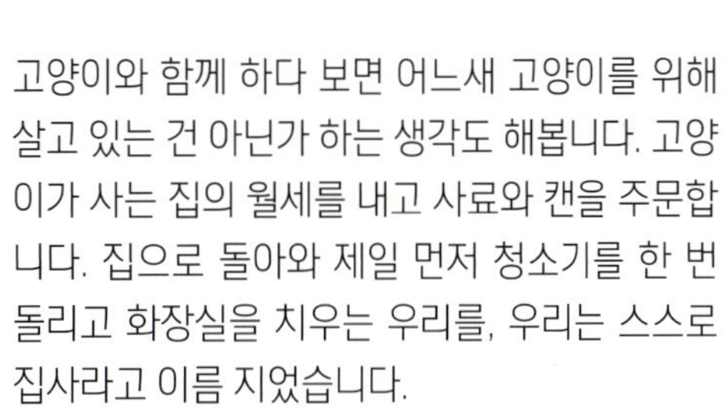

고양이와 함께 하다 보면 어느새 고양이를 위해 살고 있는 건 아닌가 하는 생각도 해봅니다. 고양이가 사는 집의 월세를 내고 사료와 캔을 주문합니다. 집으로 돌아와 제일 먼저 청소기를 한 번 돌리고 화장실을 치우는 우리를, 우리는 스스로 집사라고 이름 지었습니다.
가장 높은 곳에 있는 것 같지만 사실은 냥이들 덕분에 하루의 스트레스는 날아가 버리고 맙니다. 오늘도 여느 집사들은 도도한 냥이를 모시며 함께 하는 삶을 살아가고 있습니다.

chapter. 02

기본 스티치 배우기

❶ 스트레이트 & 러닝 S.

스트레이트 스티치는 말 그대로 '직선 한 개'를 뜻합니다. 스트레이트 스티치를 단독으로 사용하기보다는 다른 스티치들과 함께 많이 쓰입니다. 스트레이트 스티치를 이어서 하면 러닝 스티치가 됩니다. 보통 '시침질'이라고 하는 스티치와 비슷한데 자수 도안에도 쓰이지만 소품의 뒷면을 마감할 때도 쓰입니다.

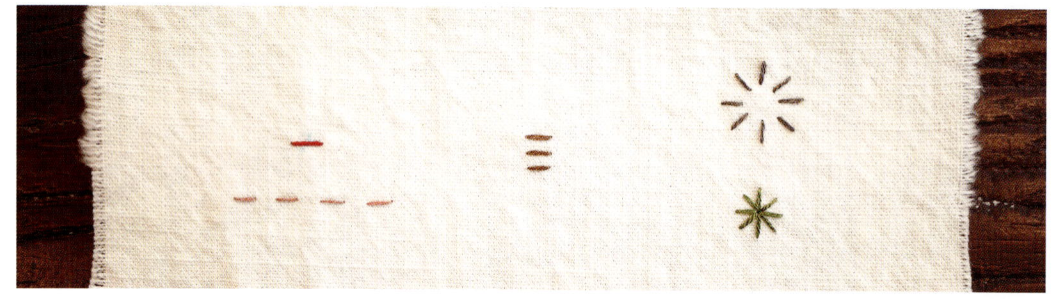

수놓을 스트레이트 스티치대로 도안을 그립니다.

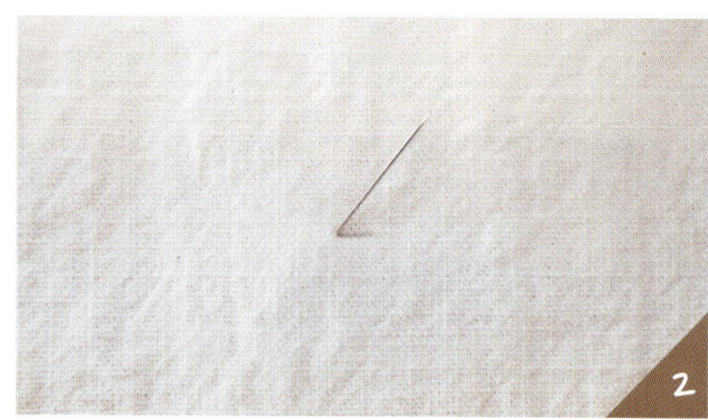

도안의 왼쪽 끝에서 바늘을 뺍니다.

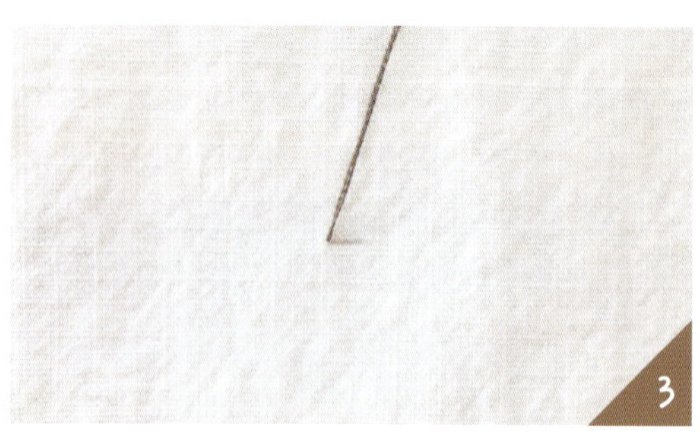

더 이상 당겨지지 않을 때까지 실을 빼줍니다.

오른쪽 도안이 끝나는 지점에 바늘을 넣어줍니다.

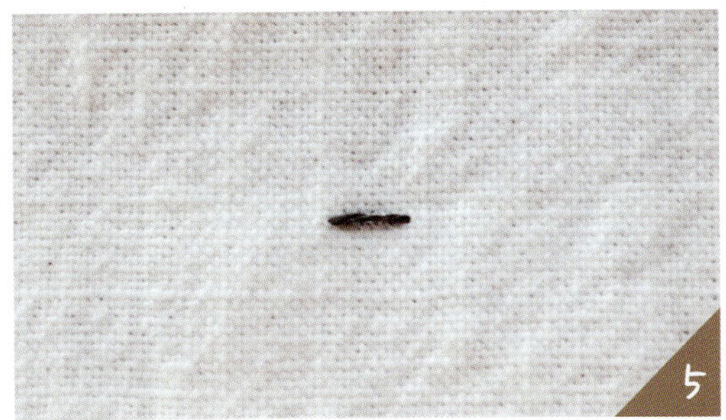

더 이상 당겨지지 않을 때까지 실을 당겨줍니다. 완성된 스트레이트 스티치입니다.

TIP … 보통 한 땀은 3~4mm 정도로 연습하는 것이 좋습니다. 작은 한 땀은 1~2mm, 긴 땀은 5~6mm 이상입니다.

러닝 S.

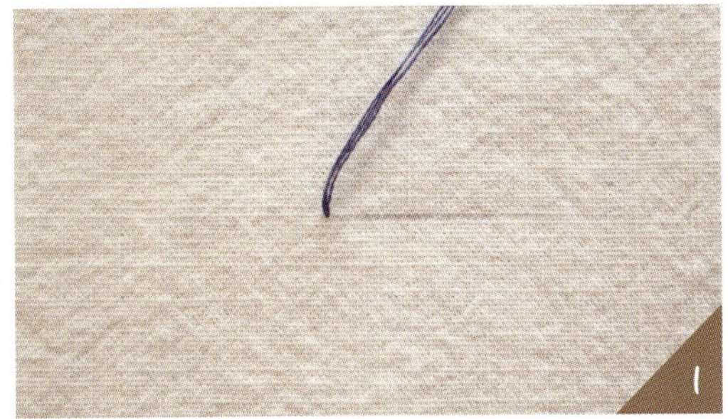

도안의 맨 왼쪽에서 바늘을 뺍니다.

스트레이트 스티치를 수놓습니다.

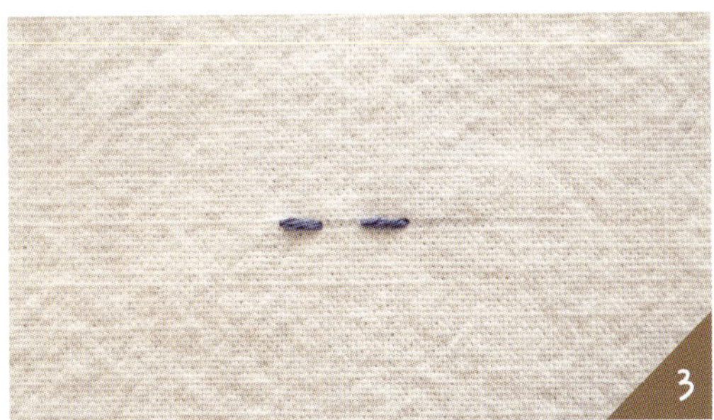

한 땀의 공간을 띄고 바늘을 빼서 다시 스트레이트 스티치를 합니다.

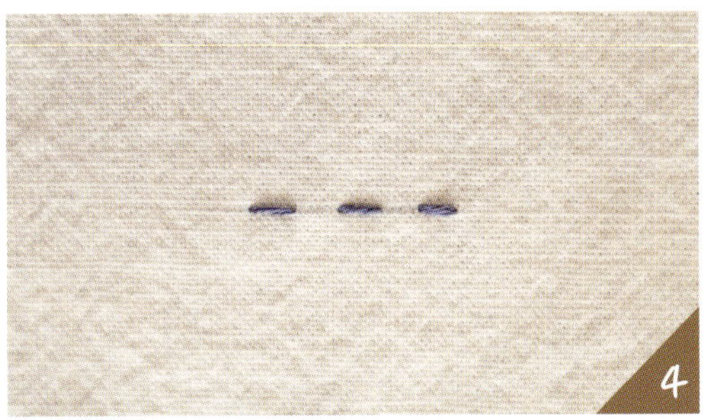

반복해서 스트레이트 스티치를 하면 사진과 같은 러닝 스티치가 됩니다.

❷ 백 S.

백스티치는 우리나라 말로는 '박음질'이라고도 부르는 익숙한 스티치입니다. 자수 도안에서의 백스티치는 일정한 사이즈로 수놓는 것이 특징입니다.

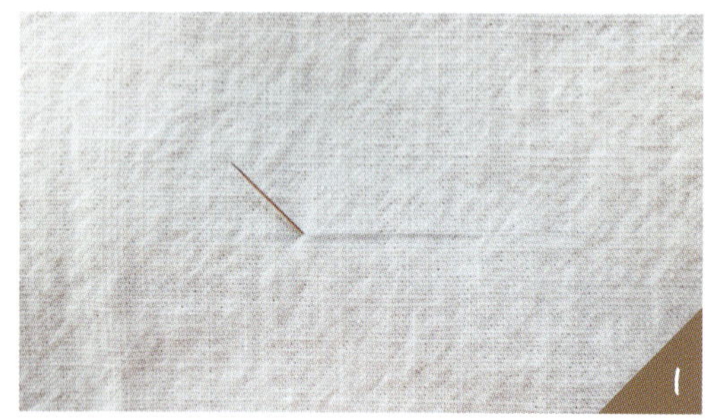

한 땀 사이즈 뒤에서 바늘을 빼줍니다.

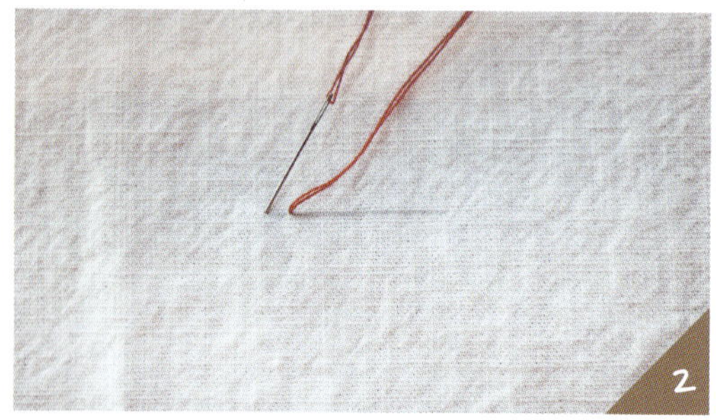

바늘을 끝까지 당기고 도안 맨 앞으로 넣어줍니다.

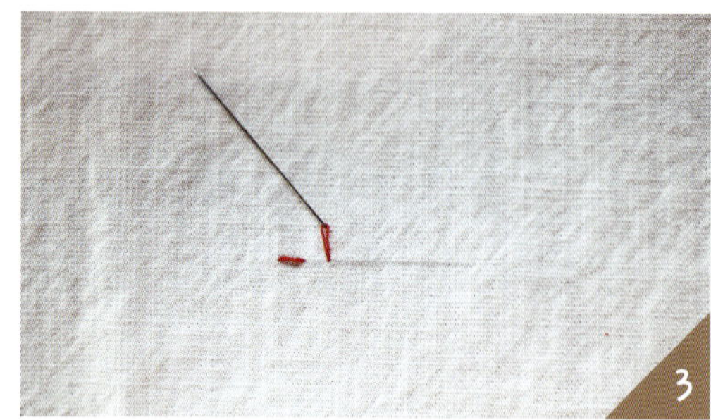

다시 한 땀 사이즈 뒤에서 바늘을 빼줍니다.

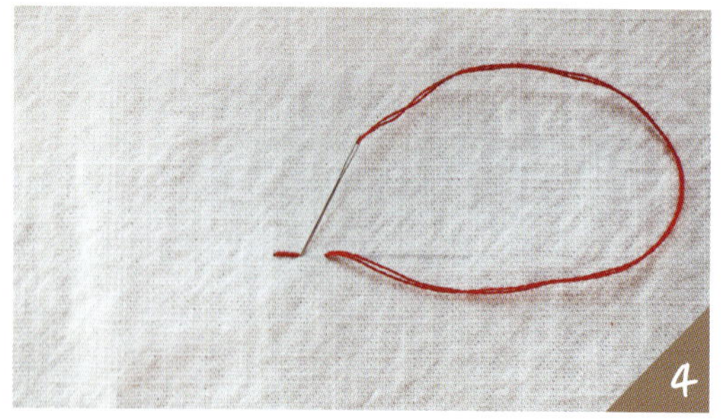

정확히 처음 바늘이 나온 구멍에 바늘을 넣어줍니다.

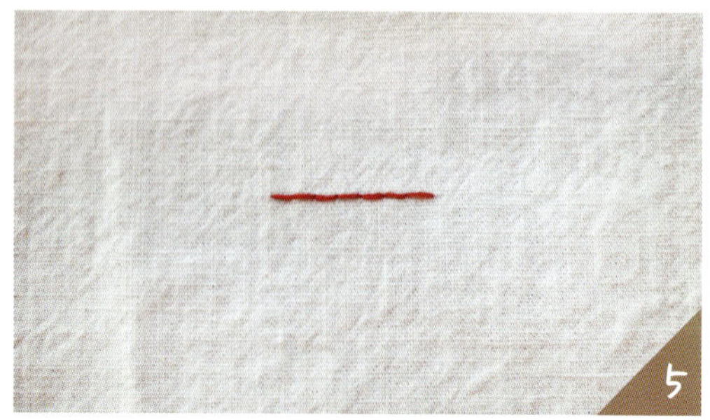

연속적으로 백스티치를 수놓은 모습입니다.

❸ 아웃라인 S.

아웃라인은 주로 동물이나 털옷 등, 오돌토돌한 느낌의 라인을 많이 수놓는 스티치입니다. 중세시대 의복이나 침구에 많이 수놓아졌던 스티치로 각도와 땀 사이즈를 조절하면 다양하게 표현 할 수 있는 스티치입니다.

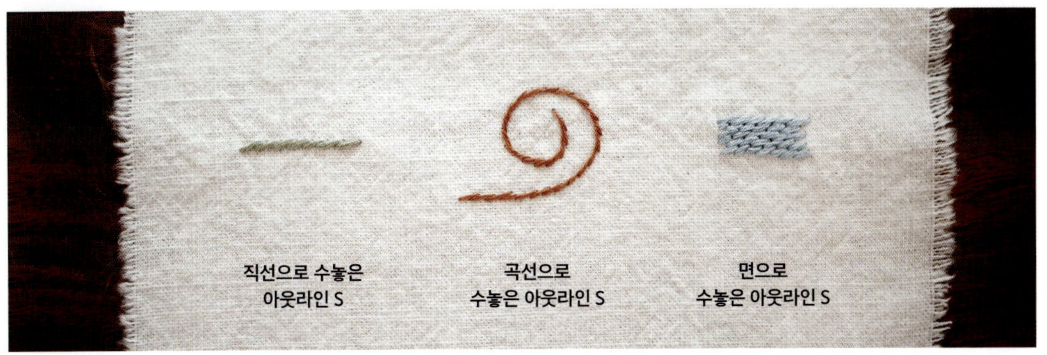

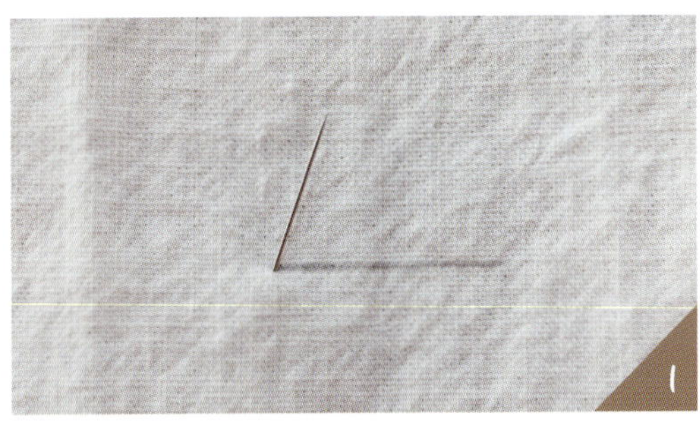

도안의 바로 밑에서 바늘을 빼줍니다.

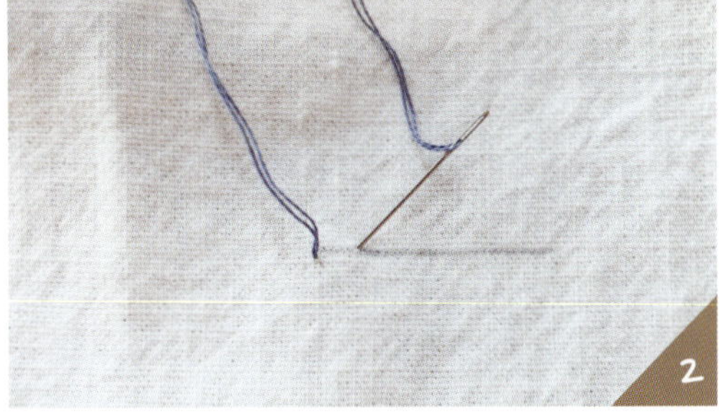

한 땀 사이즈로 도안 바로 위로 바늘을 넣어줍니다.

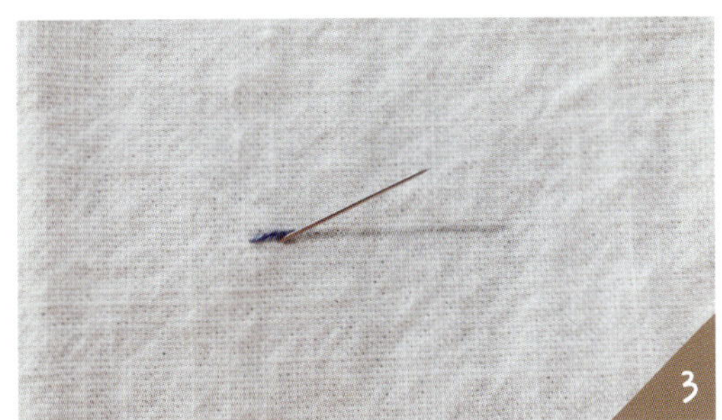

바로 전 땀의 중간 부분 바로 아래에서 바늘을 빼줍니다.

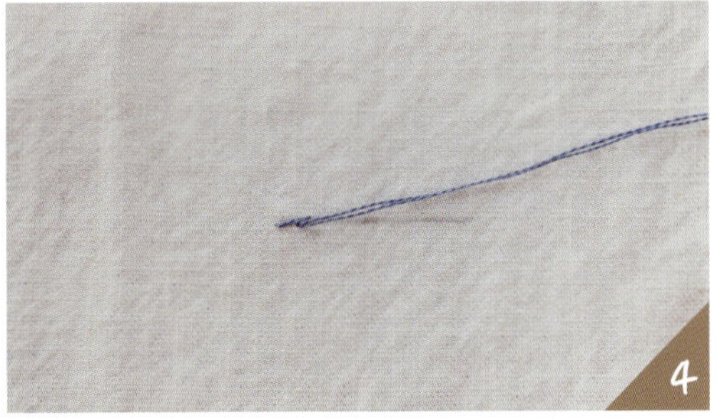

아웃라인 스티치는 일정한 각도를 유지하기 어려운 스티치입니다. 실을 원하는 각도로 당겨 미리 체크해보면 도움이 됩니다.

(2)번과 동일하게 한 땀 사이즈로 도안 바로 위에 바늘을 넣어줍니다.

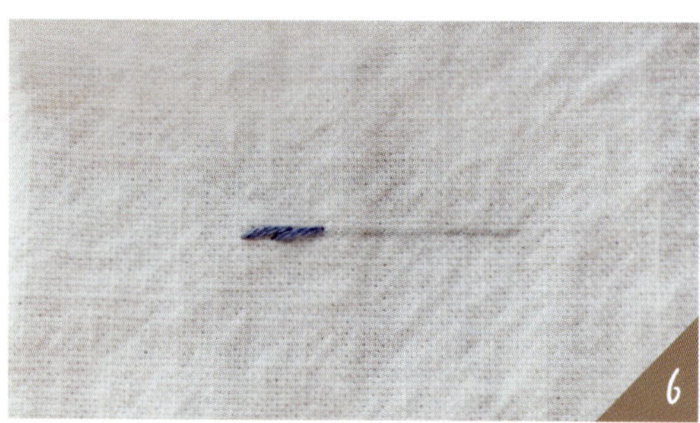

모양이 틀어지지 않을 정도로 끝까지 당겨줍니다.

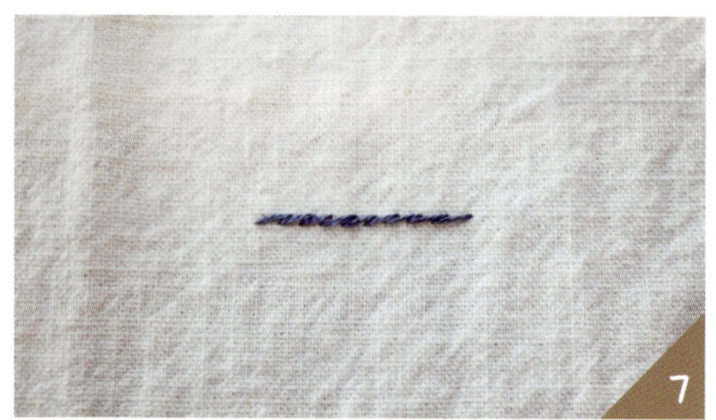

연속으로 수놓은 아웃라인 스티치의 모습입니다.

TIP … 고양이는 털이 많이 나 있는 동물입니다. 백스티치로 수놓으면 깔끔한 라인으로 마무리되고, 아웃라인 스티치로 수놓으면 좀 더 생동감 있는 고양이 자수로 표현할 수 있습니다.

❹ 버튼홀 S.

버튼홀 스티치는 말 그대로 단추구멍의 올이 풀리지 않게 마감했던 스티치입니다. 입체 스티치에서 많이 활용되는 스티치고, 땀 사이즈에 따라 다양하게 활용할 수 있는 장점이 있습니다. 처음에 버튼홀 스티치를 할 때는 위와 아래를 모두 그려 직사각형으로 도안을 그리면 더 정확하게 수놓을 수 있습니다.

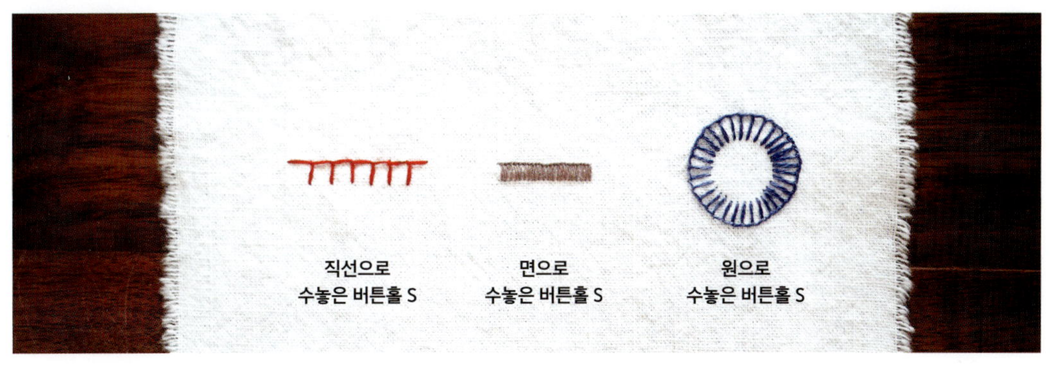

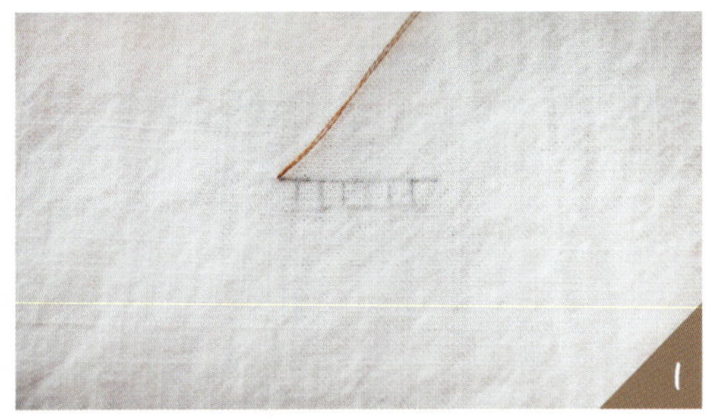

맨 왼쪽 도안에서 바늘을 빼줍니다.

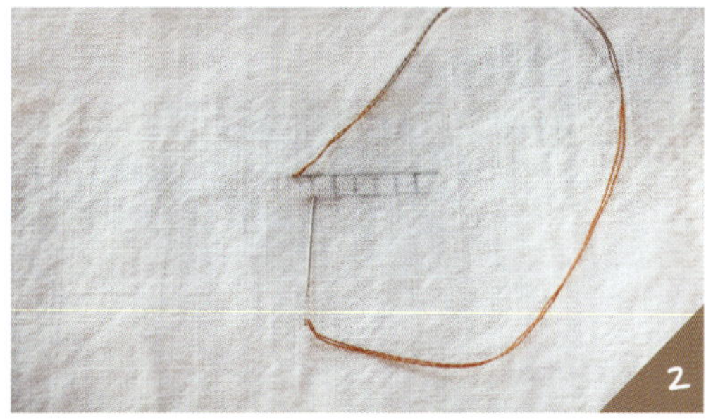

그림과 같이 아래에서 직각으로 바늘을 넣어줍니다.

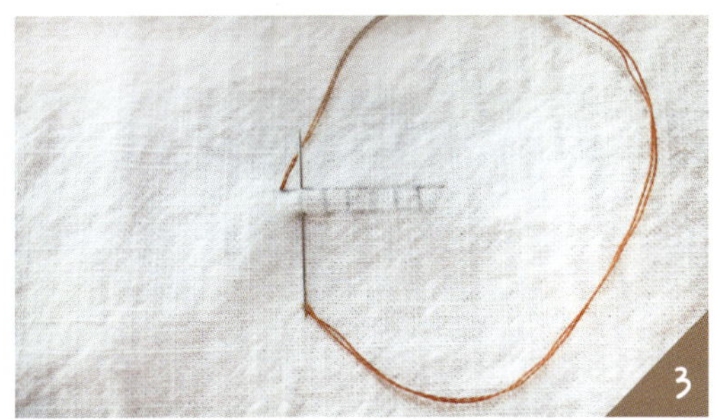

위의 선과 만나는 지점에서 바늘을 빼줍니다.

실을 바늘 뒤로 보내어 바늘 뒤에 딱 붙여줍니다.

그대로 바늘을 빼내어 당겨줍니다.

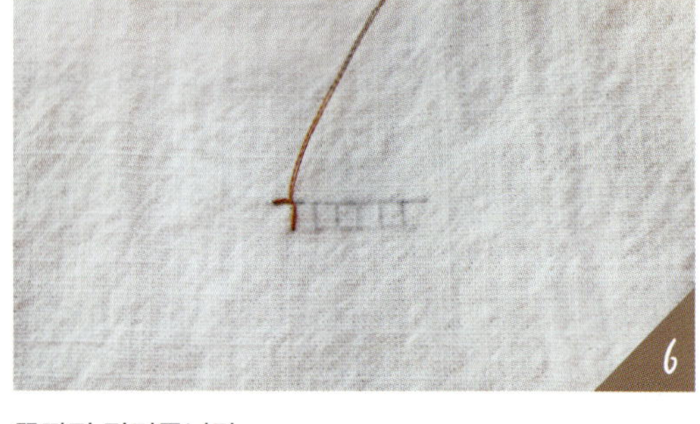

끝까지 당겨줍니다.

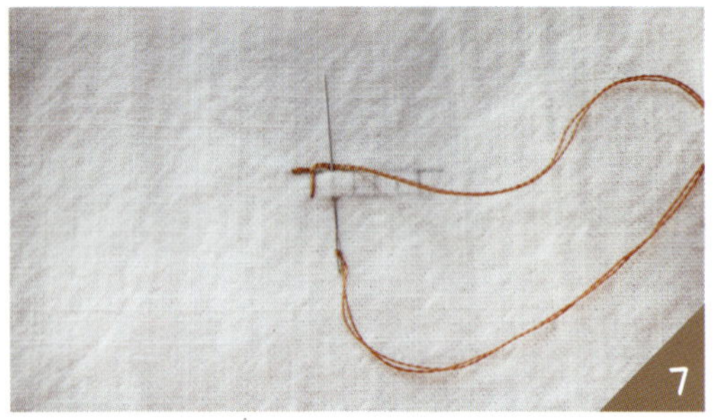

같은 방법으로 연속으로 수놓습니다.

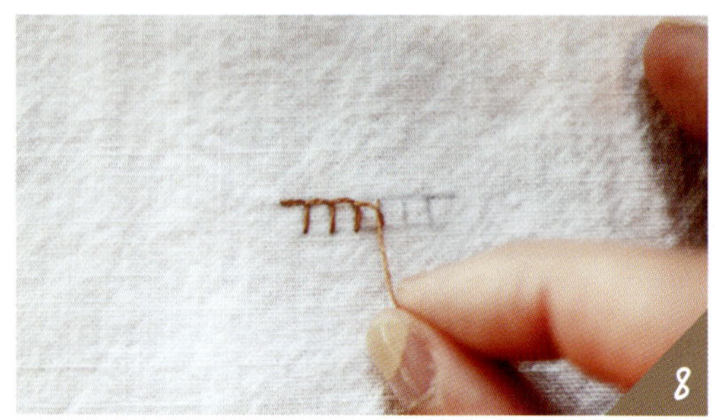

실을 손으로 아래로 위로 살살 움직이면 코너를 좀더 뾰족하게 만들 수 있습니다. 먼저 실을 사진과 같이 살짝 아래로 내려줍니다.

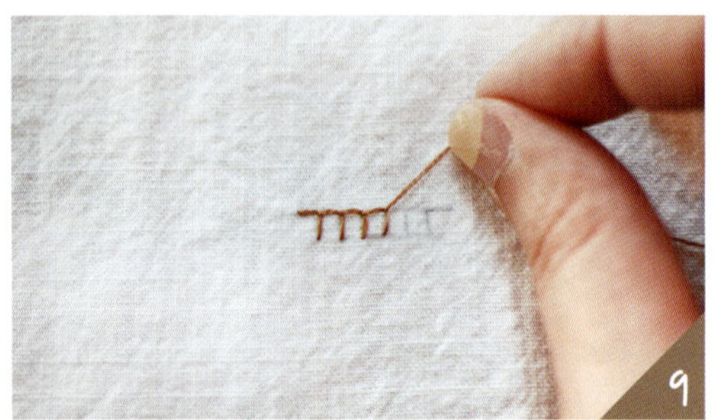

사진과 같이 실을 살짝 위로 올려줍니다.

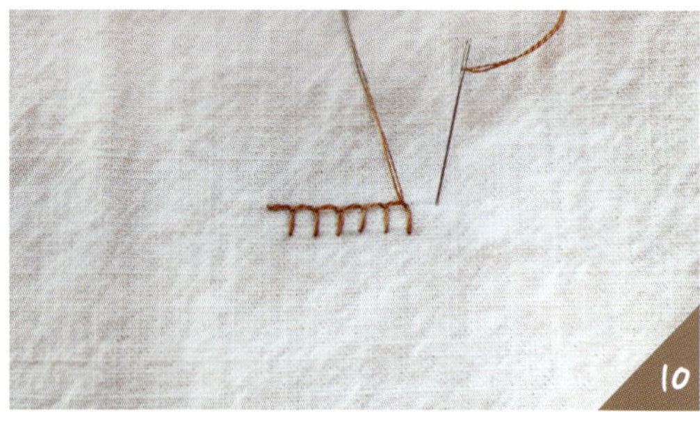

마무리 할 때는 도안에 맞게 위의 선에서 바늘을 넣어줍니다.

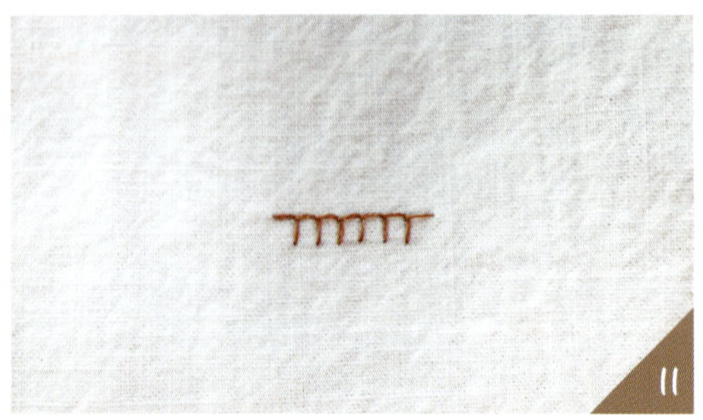

완성된 버튼홀 스티치의 모습입니다.

❺ 플라이 S.

새가 날아가는 모양에서 따온 플라이 스티치는 단독으로 사용하기보다는 연결해서 사용하는 경우가 많습니다. 한 개씩 쓰면 새싹 같은 느낌이, 연결해 쓰면 식물 같은 느낌이 듭니다. 빽빽하게 사용하면 면으로도 활용할 수 있습니다.

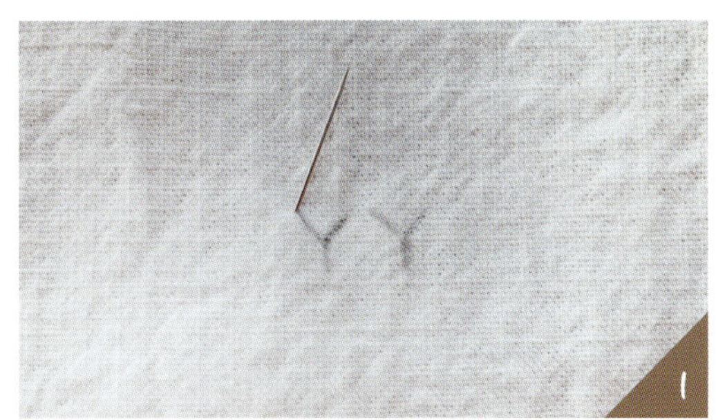

Y 모양의 왼쪽에서 바늘을 뺍니다.

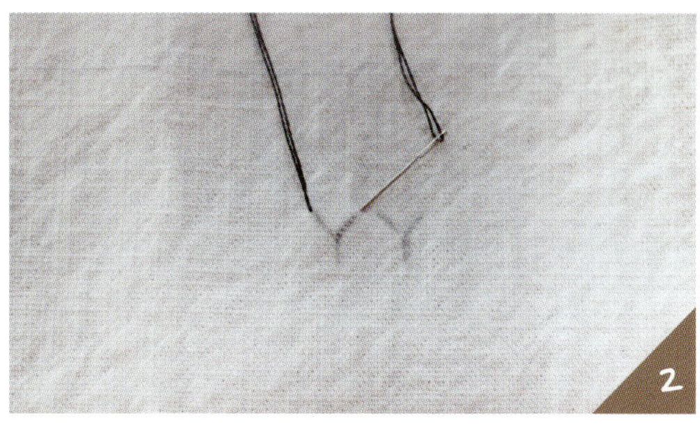

끝까지 당긴 후 Y모양의 오른쪽에 바늘을 넣어줍니다.

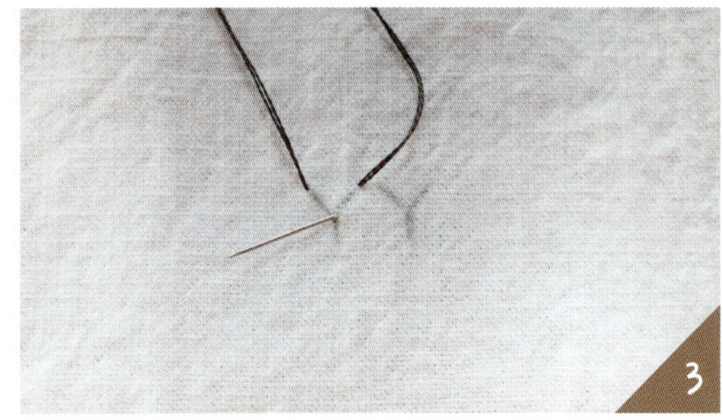

Y모양의 중간지점에서 바늘을 뺍니다.

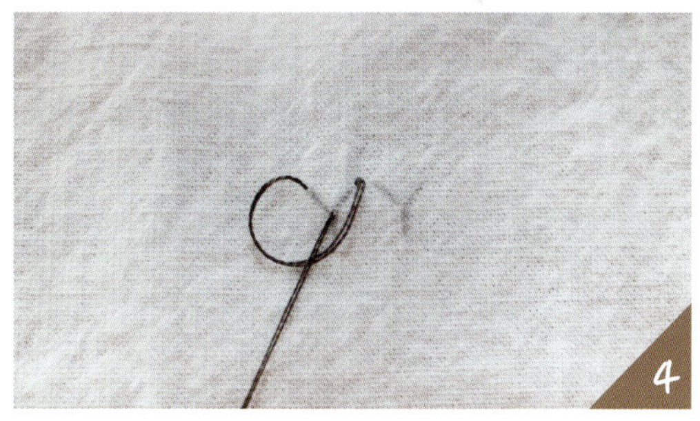

위에서 나온 실 위로 바늘을 뺍니다.

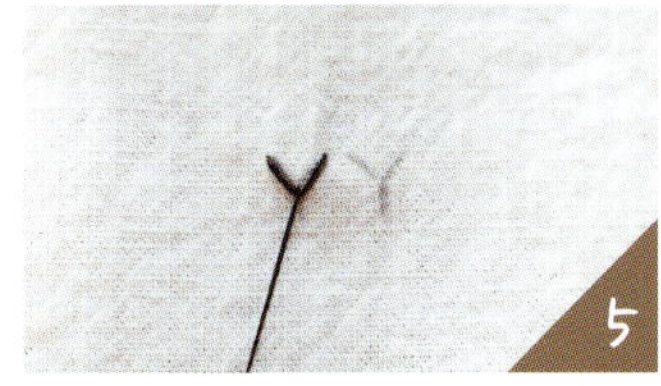

바늘을 아래 방향으로 끝까지 당겨줍니다.

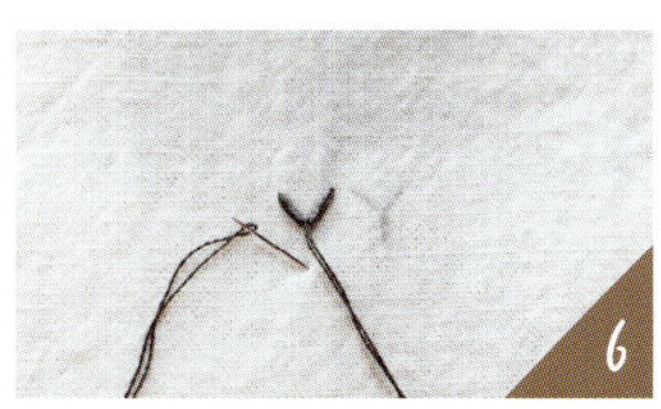

Y 모양의 아랫부분에 바늘을 넣어 마무리 합니다.

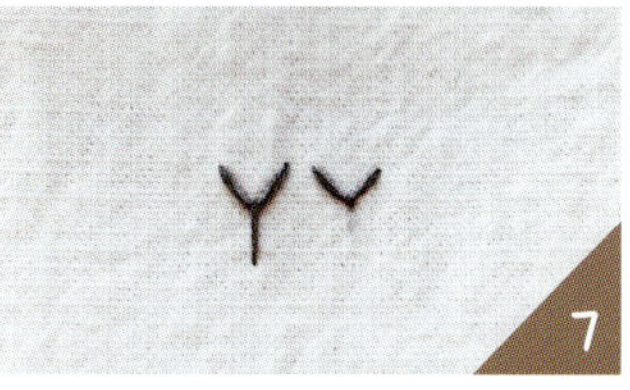

마지막 땀 사이즈에 따라 다양한 모양의 플라이 스티치가 완성됩니다.

❻ 페더 S.

페더 스티치는 플라이 스티치를 연속으로 수놓는 스티치입니다. 반복되는 패턴을 수놓을 때 주로 사용하는 스티치로, 각도를 조정하면 다양하게 활용 할 수 있습니다. 플라이를 연속으로 수놓는 응용 스티치입니다. 도안선을 4개 그리고 시작합니다.

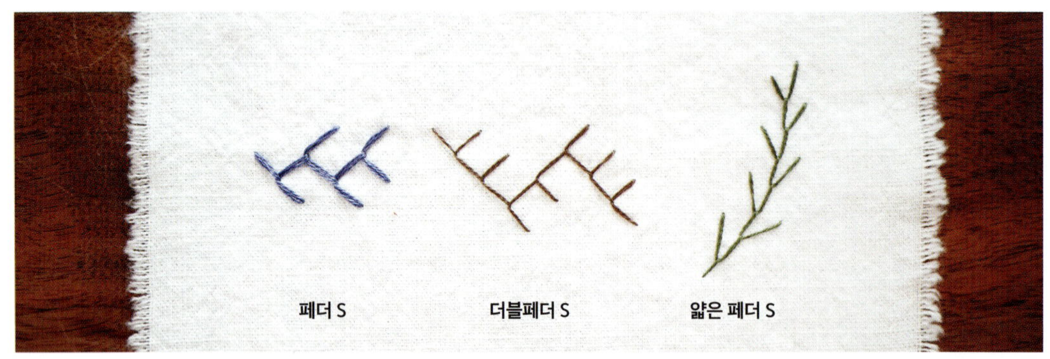

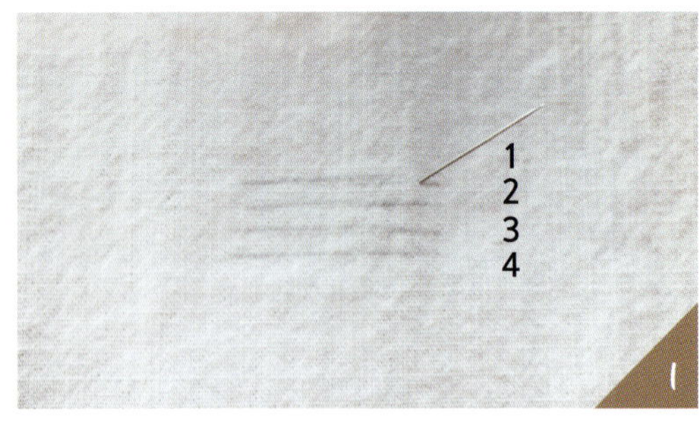

도안의 1번 오른쪽 끝 상단에서 바늘을 빼줍니다.

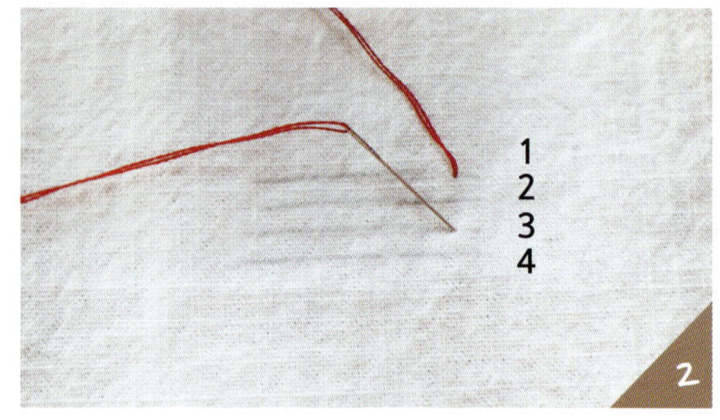

바로 아래 3번에서 바늘을 빼줍니다.

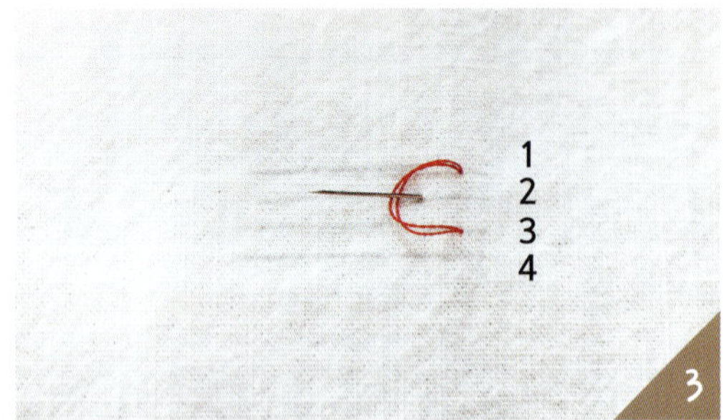

플라이 스티치를 하듯이 한 땀 앞, 2번에서 바늘을 뺍니다.

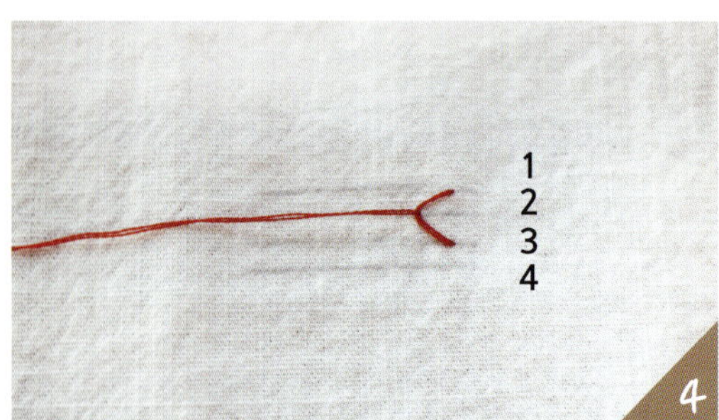

실을 당겨 플라이 스티치를 하듯 당겨줍니다.

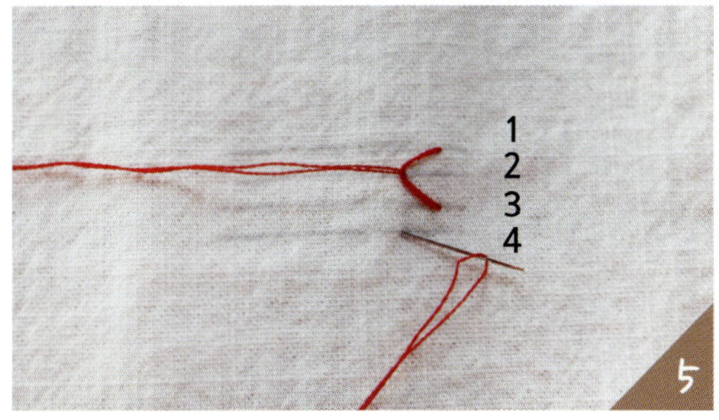

바로 아래 4번에서 바늘을 넣습니다.

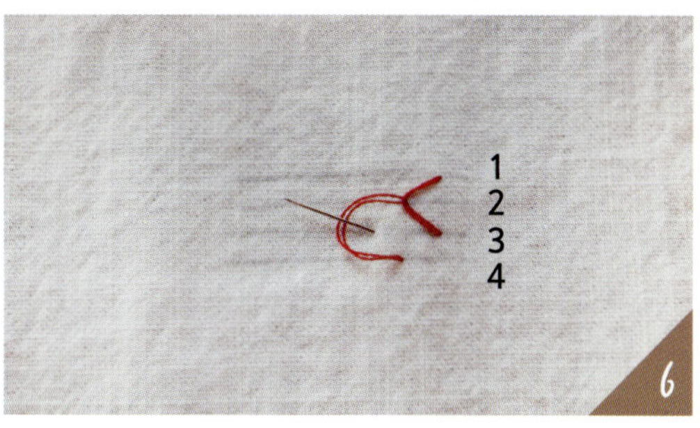

한 땀 앞으로 3번에서 바늘을 뺍니다.

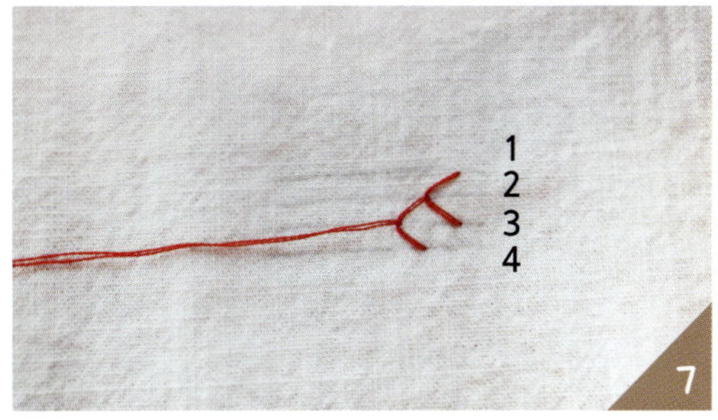

플라이 스티치를 하듯 실을 당겨줍니다.

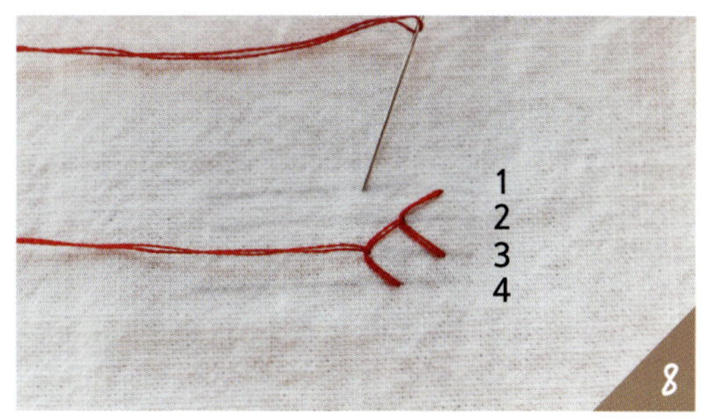

다시 바로 위 1번으로 바늘을 넣어줍니다.

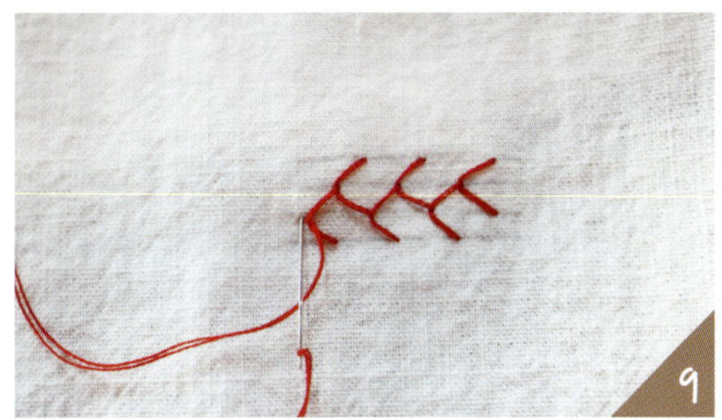

연속으로 엇갈리게 수를 놓습니다.

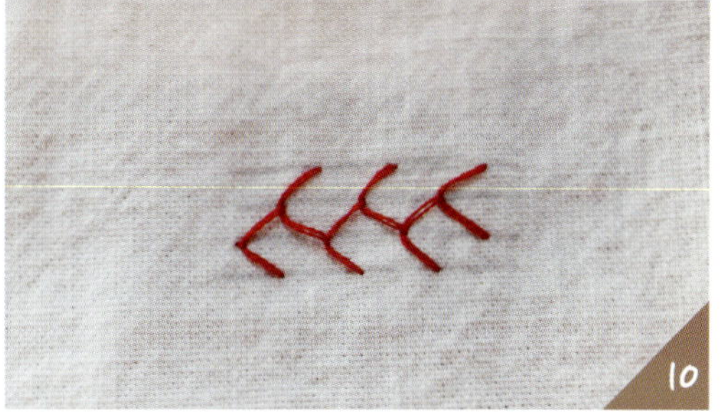

끝으로 플라이 스티치를 짧은 땀으로 마무리 합니다.

더블 페더 S.

도안선을 5개 그리고 시작합니다.

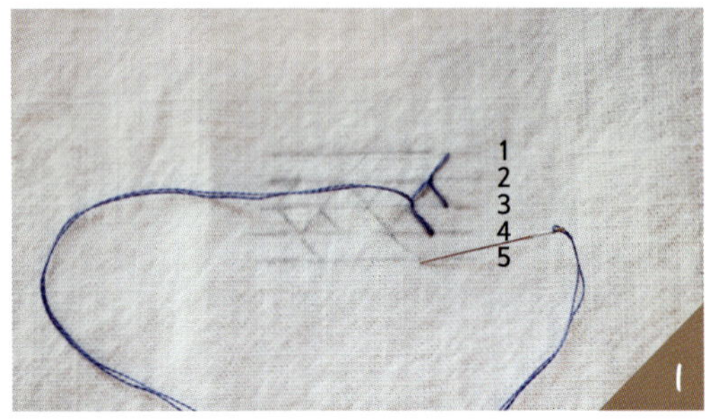

페더 스티치 (5)번까지 동일하게 수를 놓고, 한 땀 앞으로 5번에 바늘을 넣습니다.

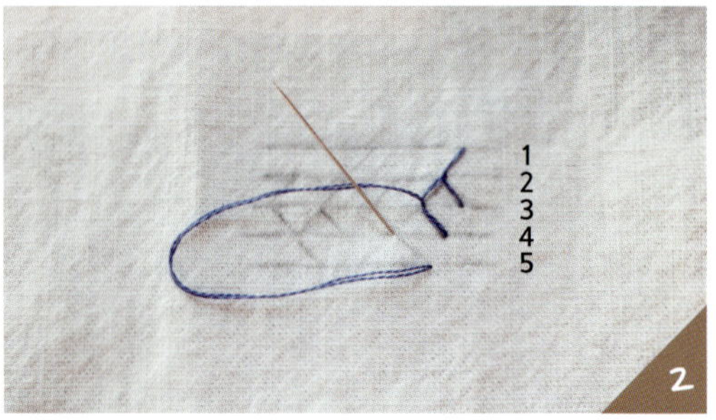

한 땀 앞으로 4번에 바늘을 넣습니다.

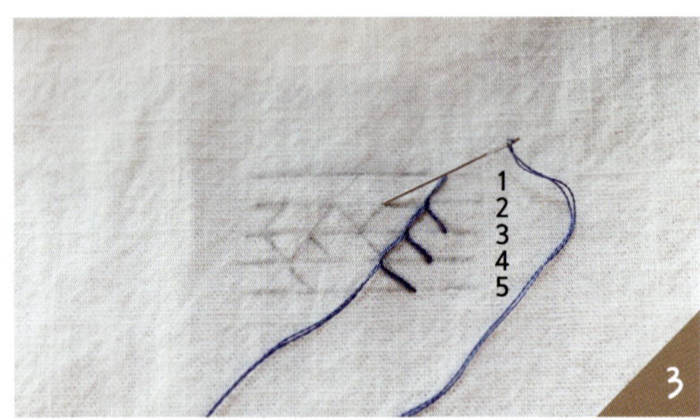

페더 스티치를 하듯 바로 위 2번에 바늘을 넣고, 한 땀 앞으로 3번에서 바늘을 뺍니다.

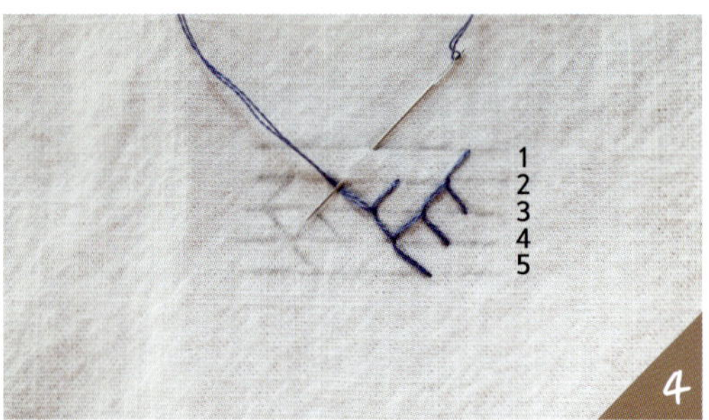

조금 쉽게 수를 놓으려면 1번으로 바늘을 넣고 동시에 한 땀 앞으로 2번에 바늘을 넣습니다.

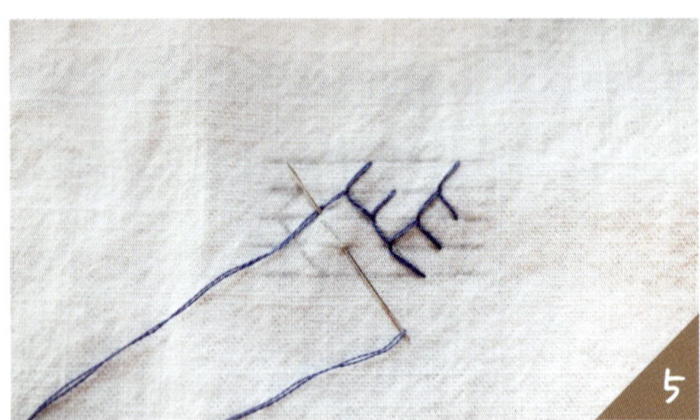

동일하게 반복합니다.

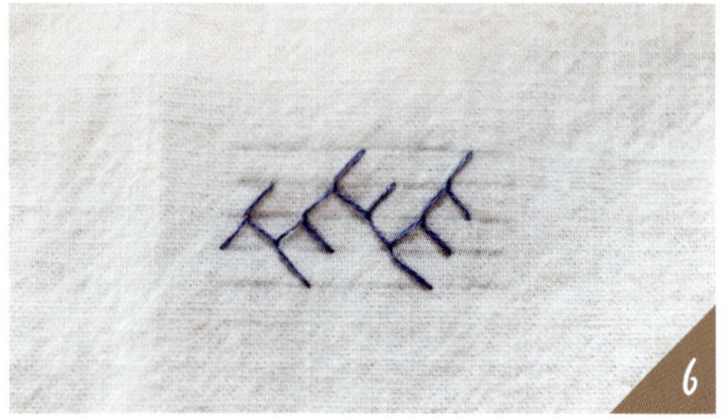

완성된 더블 페더 스티치입니다.

❼ 레이지 데이지 S.

레이지 데이지는 데이지 꽃잎을 닮아 지어진 이름입니다. 꽃잎과 잎사귀를 표현할 때 기본적으로 사용하며 프랑스 자수를 할 때 가장 많이 사용하는 스티치가 아닐까 싶습니다. 다른 스티치들과 마찬가지로 땀의 사이즈와 실에 두께에 따라서 다양하게 활용이 가능합니다.

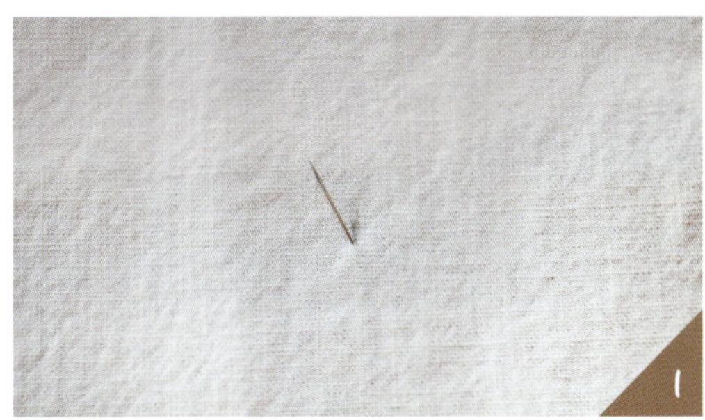

도안의 아래 지점에서 바늘을 뺍니다.

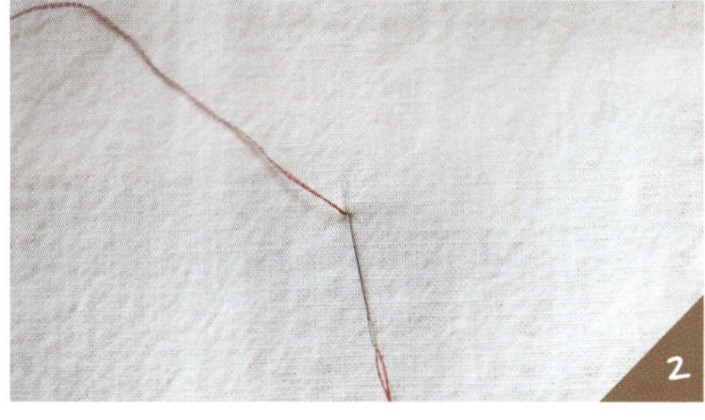

끝까지 당긴 후 다시 방금 바늘을 빼준 지점으로 바늘을 꽂습니다.

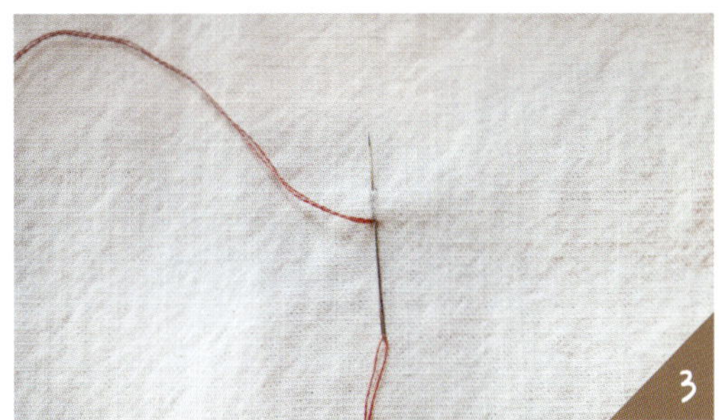

도안의 위 지점에서 바늘을 뺍니다.

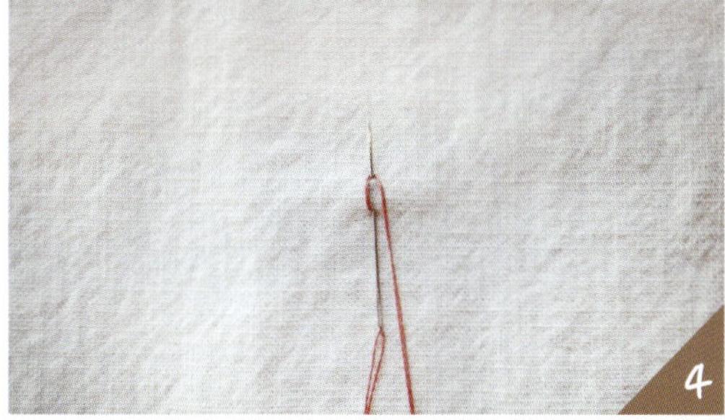

두 개의 실 중, 왼쪽에 있는 실을 바늘의 오른쪽으로 당겨 고정합니다.

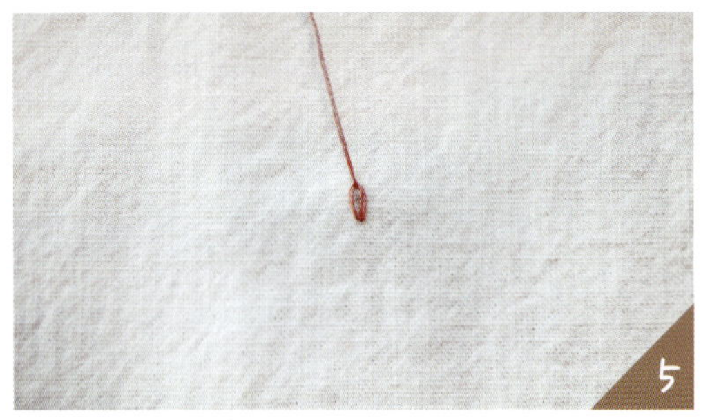

꽃잎이 나 있는 방향으로 바늘을 당겨 더 당겨지지 않을 때까지 당겨줍니다.

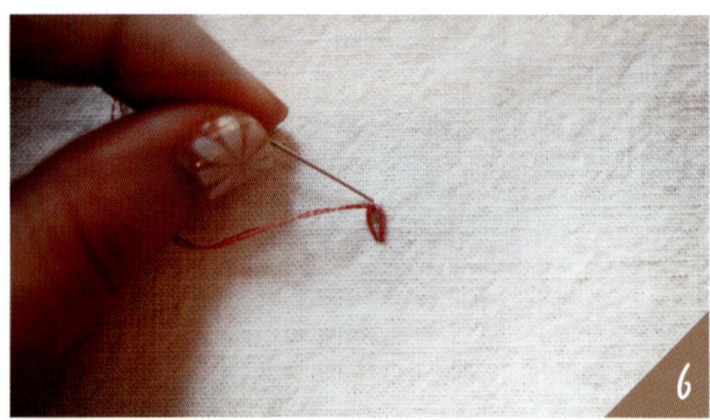

바늘을 가져와 실 바로 윗부분에 바늘을 꽂습니다.

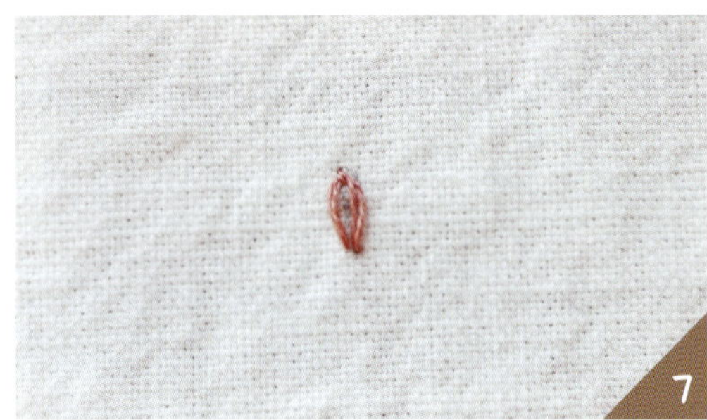

완성된 레이지 데이지 스티치 모습입니다.

더블 레이지 데이지 S.

레이지 데이지 안쪽에 작은 레이지 데이지 스티치를 한 번 더 하는 스티치입니다.

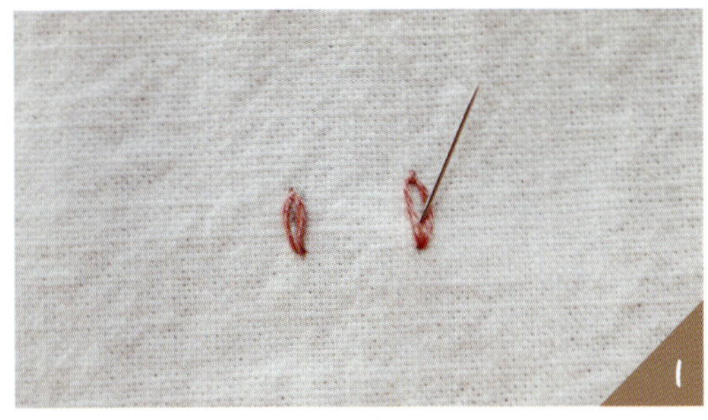

레이지 데이지 스티치를 한 후 안쪽 하단에 바늘을 꽂습니다.

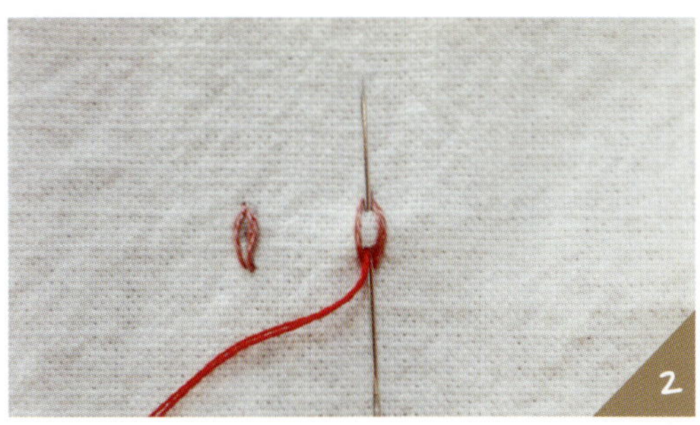

가장 상단에서 바늘을 빼줍니다.

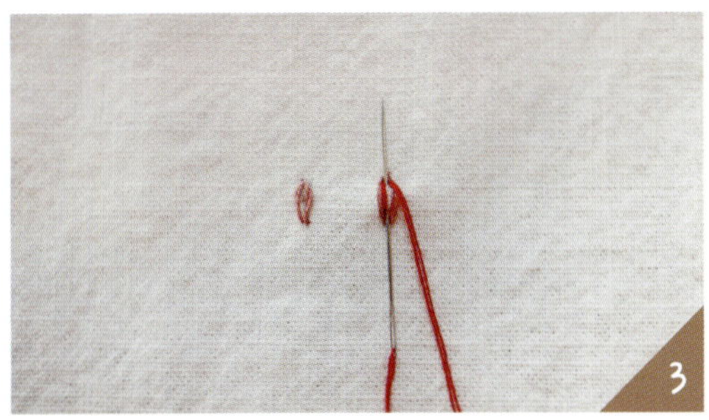

레이지 데이지와 마찬가지로 왼쪽에서 오른쪽으로 실을 걸어줍니다.

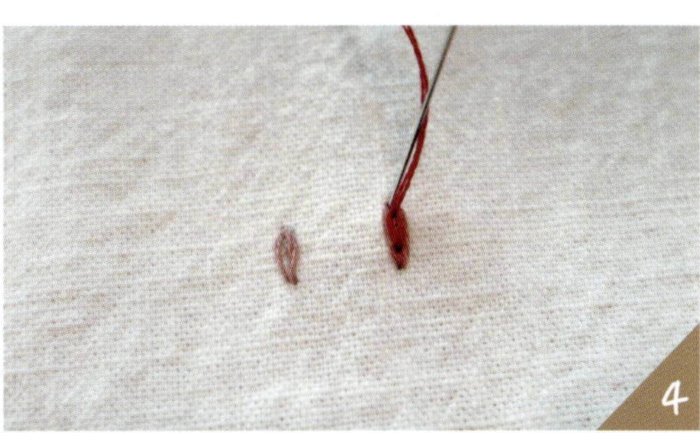

먼저 완성한 레이지 데이지 바로 밑으로 바늘을 넣어줍니다.

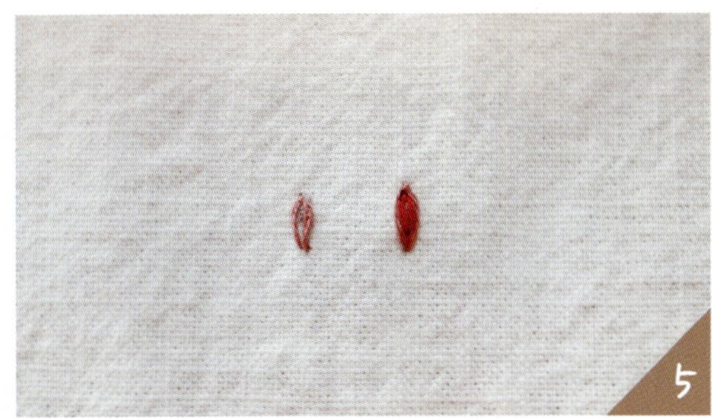

완성된 더블 레이지 데이지 스티치입니다.

❽ 풀 레이지 데이지 S. (A)

통통하고 꽉 찬 꽃잎과 잎사귀를 수놓을 때 활용하는 스티치입니다.

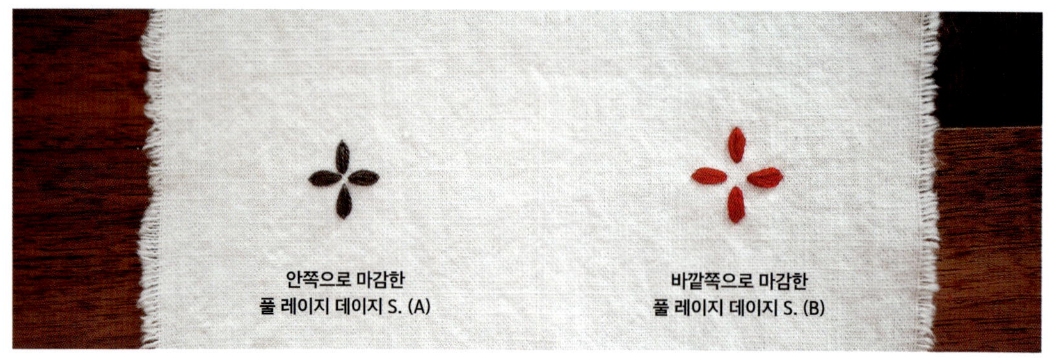

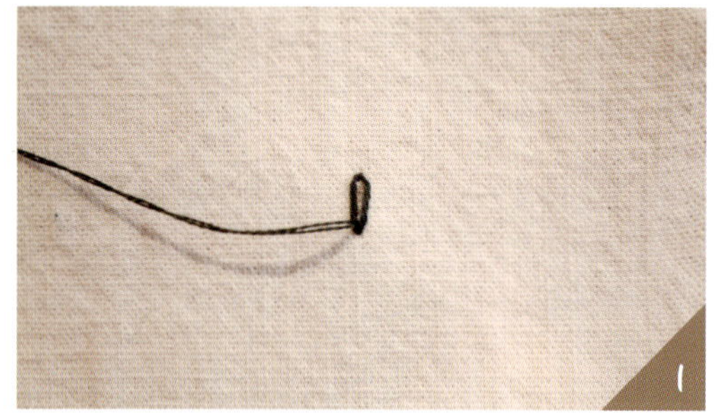

먼저 레이지 데이지 스티치를 한 후 안쪽에서 바늘을 뽑습니다.

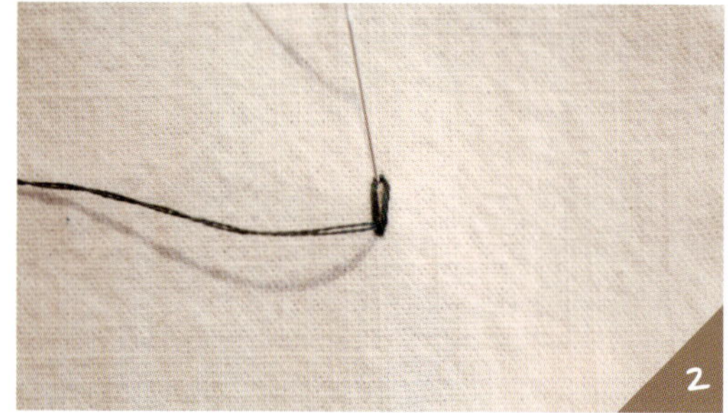

안쪽 위에서 마감합니다.

마무리된 풀 레이지 데이지 스티치입니다. 때에 따라 두 번 스티치를 해도 좋습니다.

풀 레이지 데이지 S. (B)

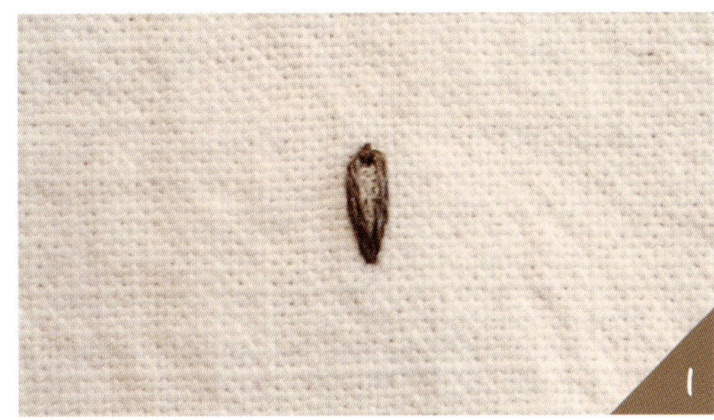

레이지 데이지 스티치를 먼저 합니다.

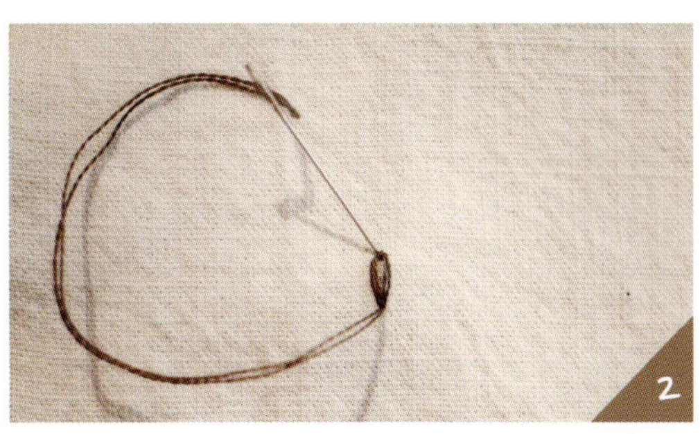

레이지 데이지 스티치의 아래 뾰족한 부분에서 바늘을 뺍니다.

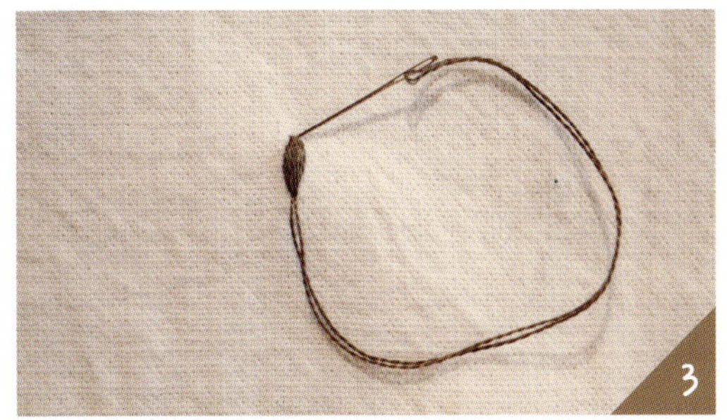

레이지 데이지 스티치의 윗부분으로 바늘을 꽂습니다.

완성된 풀 레이지 데이지 스티치의 모습입니다.

⑨ 롱테일드 데이지 S.

꼬리가 길게 나온 레이지 데이지 스티치입니다. 수놓는 방법은 동일하지만 마무리하는 방법이 조금 다른 스티치입니다.

시작하는 방법은 레이지 데이지와 동일합니다.

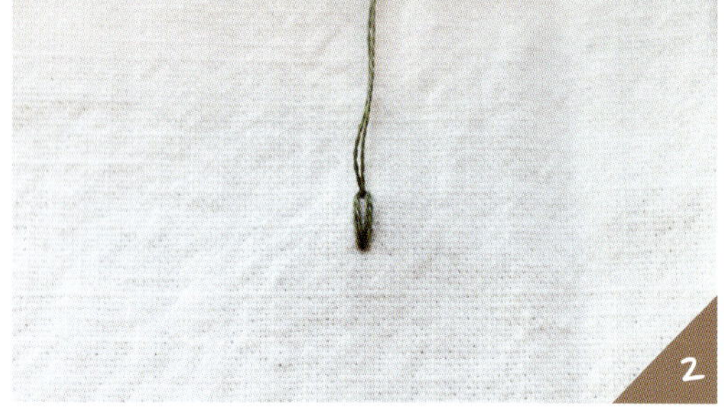

더 이상 당겨지지 않을 때까지 당겨줍니다.

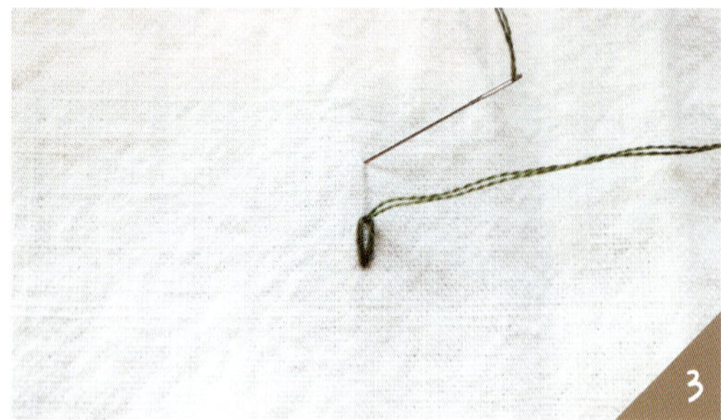

긴 땀으로 위 쪽에 바늘을 꽂습니다.

완성된 롱테일드 데이지 스티치입니다.

⑩ 체인 S.

체인 스티치는 말 그대로 체인 모양의 스티치입니다. 레이지 데이지 스티치를 마무리 짓지 않고 연속으로 수놓는 것으로, 땀 사이즈를 줄여서 면으로 수놓으면 뜨개질한 것 같은 느낌이 납니다. 땀 사이즈와 실의 두께에 따라 다양한 느낌이 나는 스티치입니다.

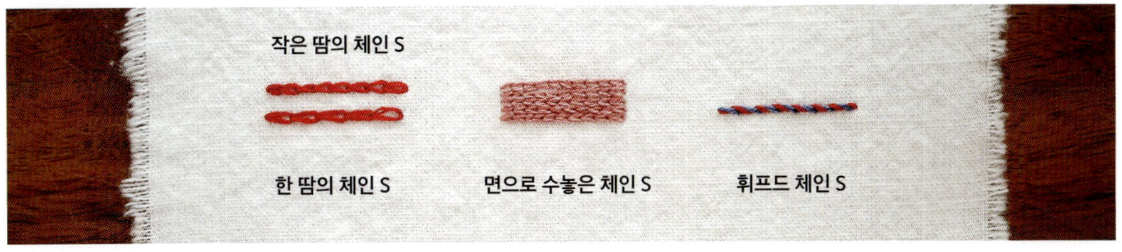

도안의 하단에서 바늘을 빼줍니다.

레이지 데이지 스티치를 시작합니다.

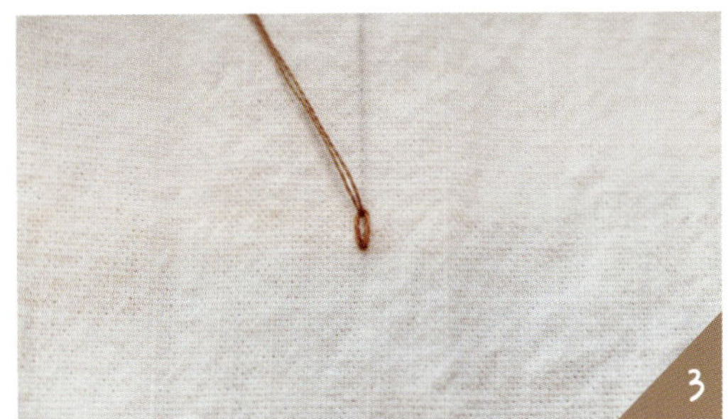

레이지 데이지 스티치를 하듯 실을 걸어 당겨줍니다.

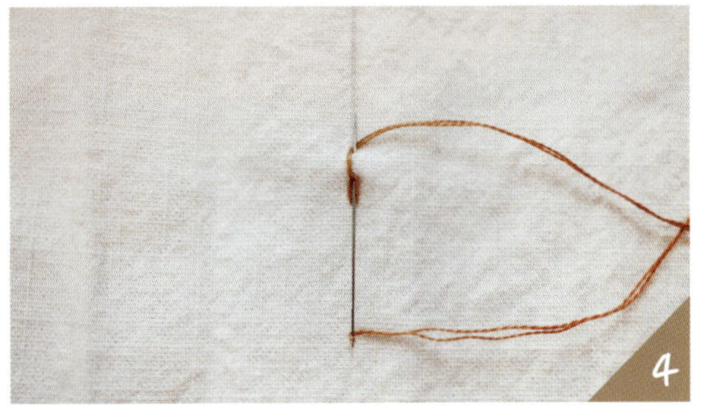

실이 나온 지점으로 다시 바늘을 꽂아서 바로 레이지 데이지를 수놓습니다.

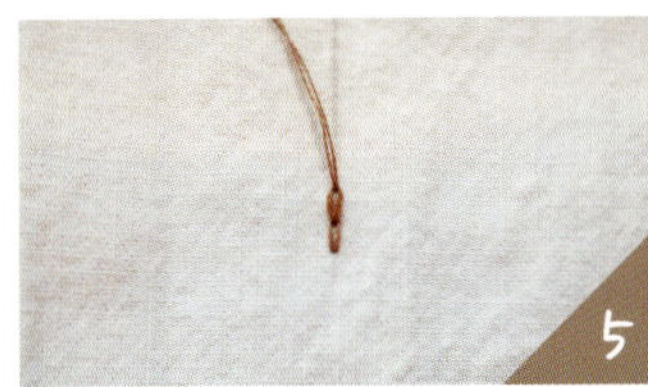

체인을 두 개 수놓은 모습입니다.

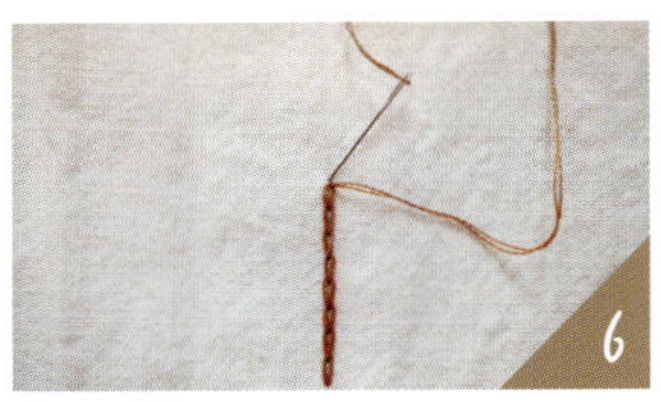

연속으로 체인을 수놓은 후 레이지 데이지를 하듯 짧은 땀으로 마무리합니다.

완성된 체인 스티치의 모습입니다.

휘프드 체인 S.

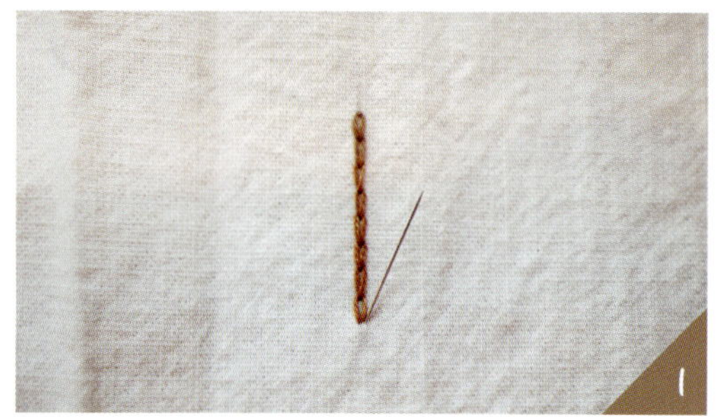

체인 스티치의 가장 아래의 오른쪽에서 바늘을 뺍니다.

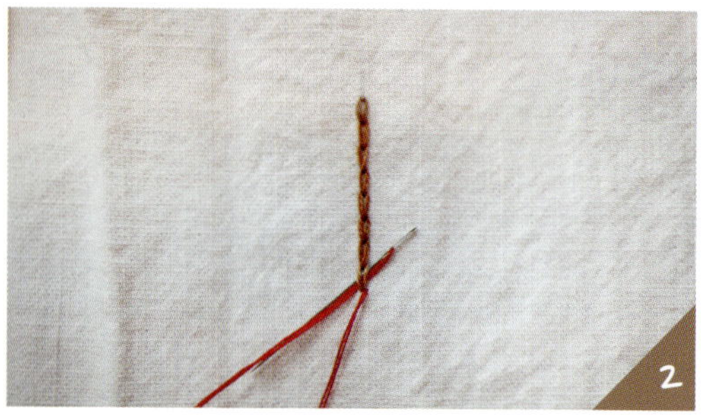

두겹의 실 사이로 바늘이 들어가지 않도록, 바늘귀를 이용해 한 체인에서 왼쪽에서 오른쪽으로 넣습니다.

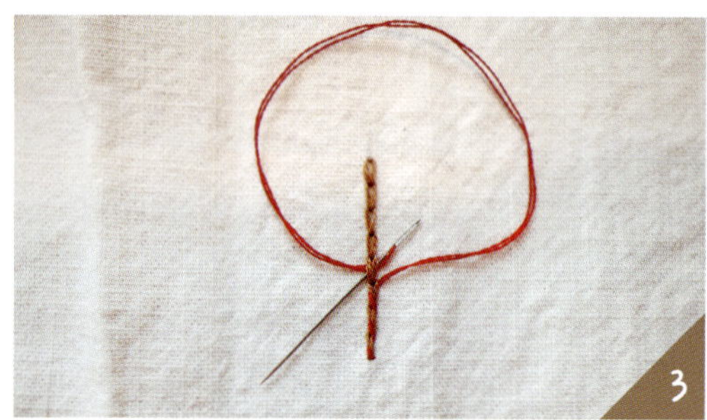

반복해서 왼쪽에서 오른쪽으로 바늘을 넣습니다.

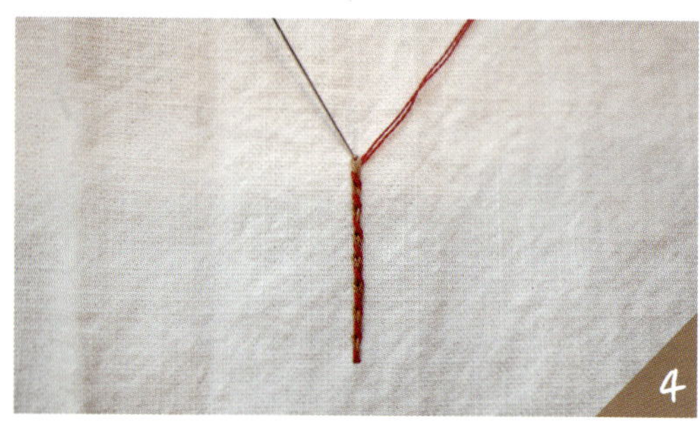

마무리를 할 때는 상단의 왼쪽에 바늘을 꽂습니다.

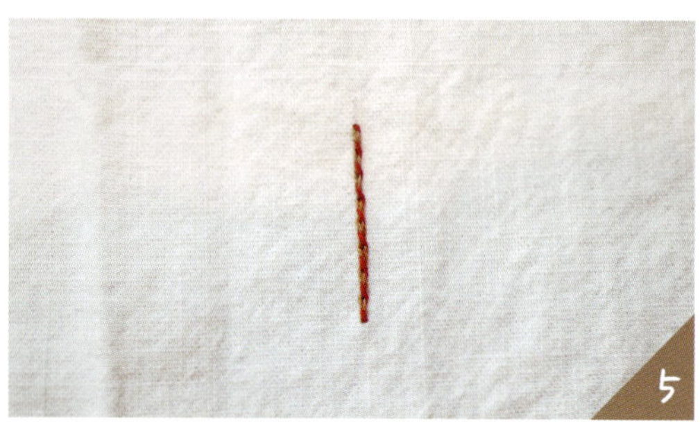

완성된 휘프드 체인 스티치의 모습입니다.

⑪ 프렌치 노트 S.

작은 땅콩을 연상시키는 스티치입니다. 노트는 매듭이라는 뜻인데, 예쁘게 매듭짓는 프랑스식 방법이라고 생각하시면 됩니다. 자수 도안에서 점으로 표현되는 부분을 담당합니다. 점, 선, 면 모두 활용하기 좋은 스티치입니다. 아기자기하게 디테일을 표현하기에 좋은 스티치입니다.

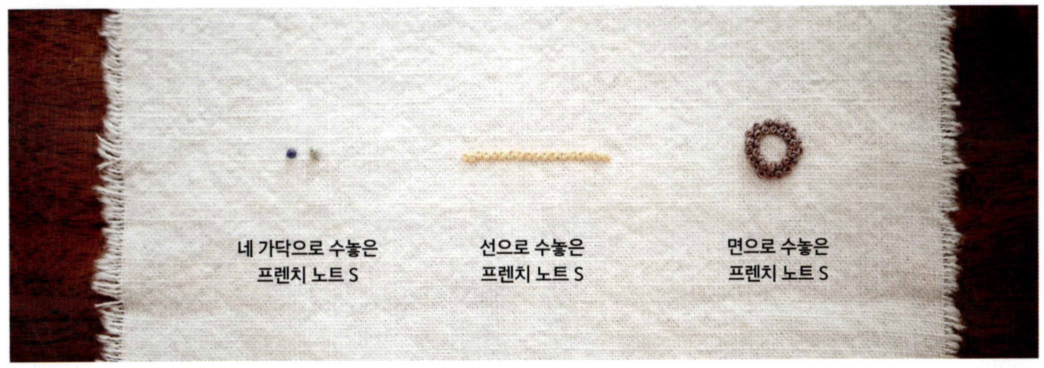

프렌치 노트의 도안은 점으로 그립니다.

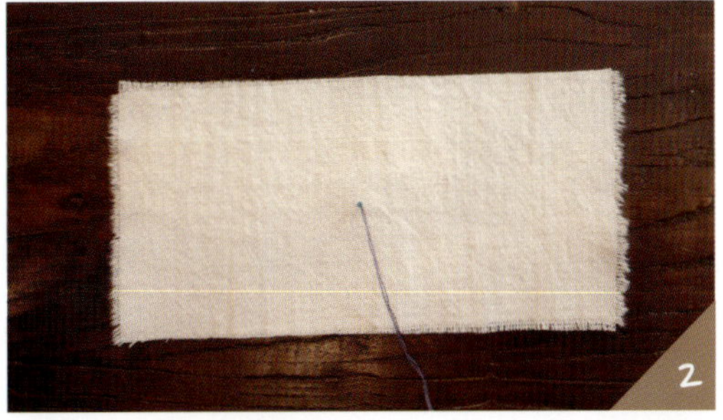

도안에서 바늘을 뽑습니다.

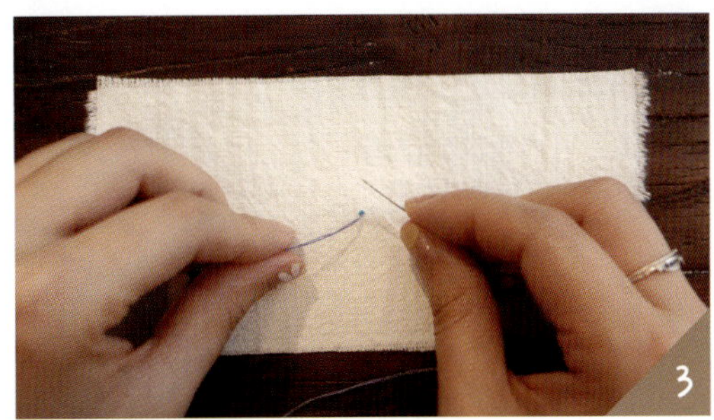

도안 바로 옆에서 왼손의 엄지와 검지를 이용해 실을 잡고 오른손으로 바늘을 잡아 사진과 같은 모양을 만듭니다.

바늘을 아래로, 실을 위로 해서 몸쪽에서 바깥쪽으로 실을 3번 감습니다.

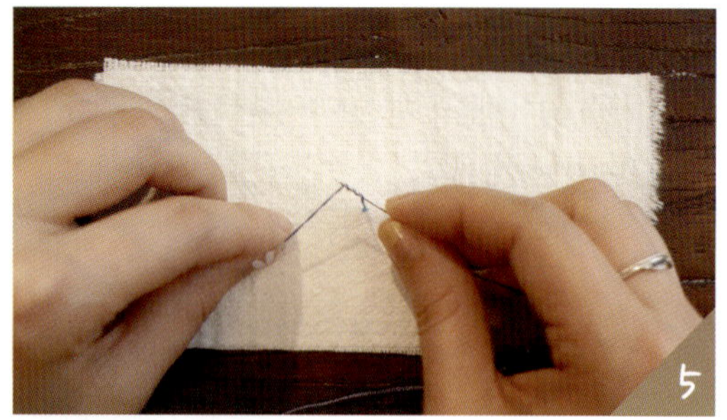

3번 감은 모습입니다.

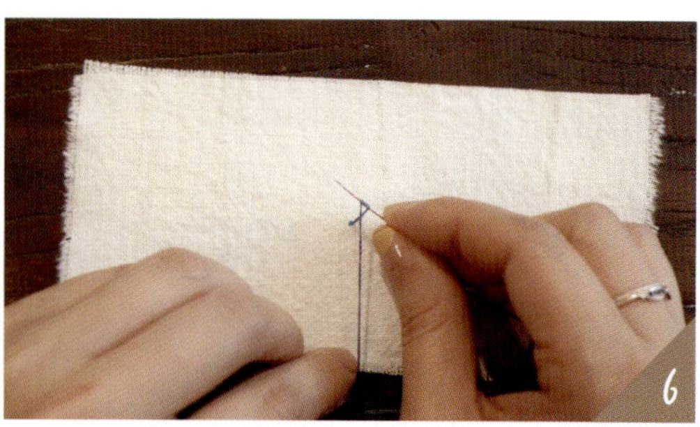

왼손을 몸쪽 시계 5시 방향으로 당겨, 감은 실이 풀리지 않도록 합니다.

바늘을 도안 쪽으로 움직여 실이 나온 자리 바로 옆으로 바늘을 다시 꽂습니다.

왼손의 실을 7시 방향으로 당깁니다.

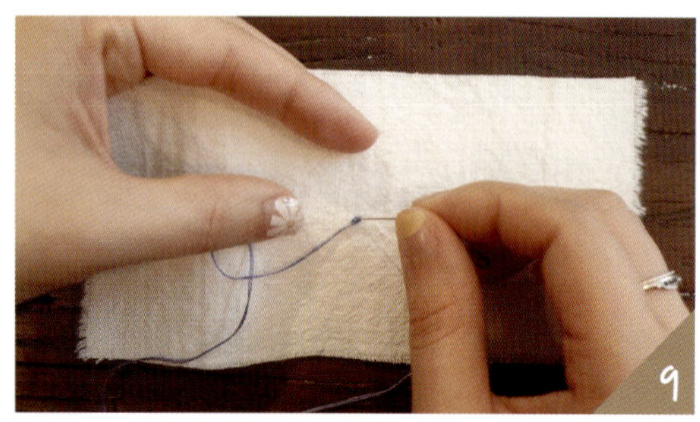

왼손으로 천을 잡고 바늘을 끝까지 꽂습니다.

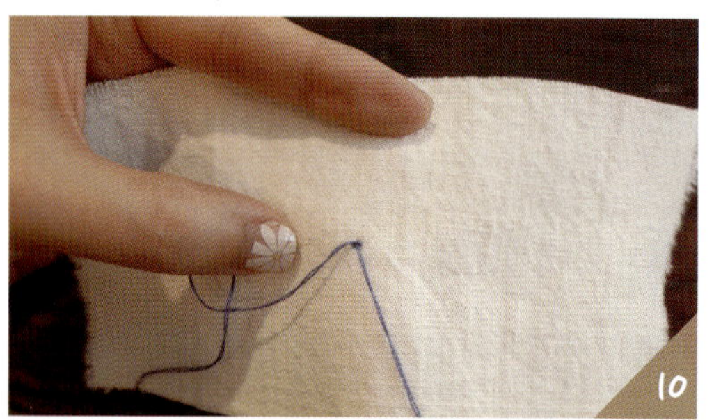

천 아래로 나온 바늘을 끝까지 당깁니다.

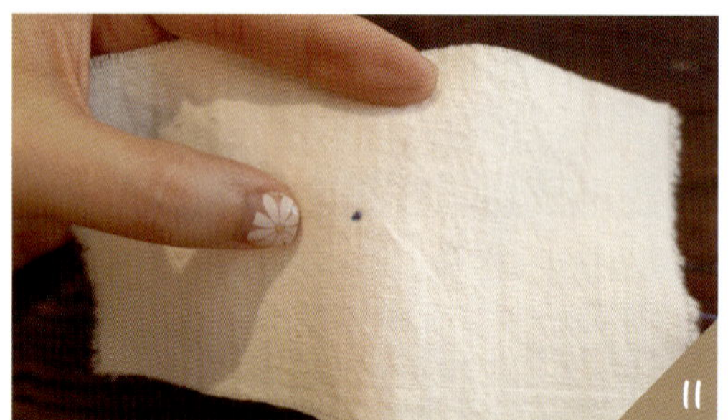

완성된 프렌치 노트 스티치의 모습입니다.

⑫ 사각 새틴 S.

새틴 스티치는 주로 면을 채울 때 쓰는 스티치입니다. 대부분의 직물은 격자 구조로 되어있기 때문에 구조에 맞춰서 한 줄 한 줄 채워가는 느낌으로 수놓으면 도움이 됩니다. 수놓는 방법은 간단하지만 생각보다 깔끔하게 나오지 않아 연습이 많이 필요한 스티치입니다. 천과 바늘을 수직으로 수놓으면 컨트롤 하는 데 도움이 됩니다.

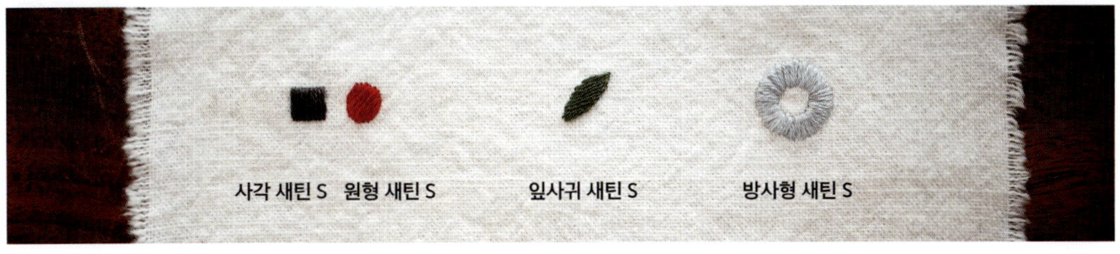

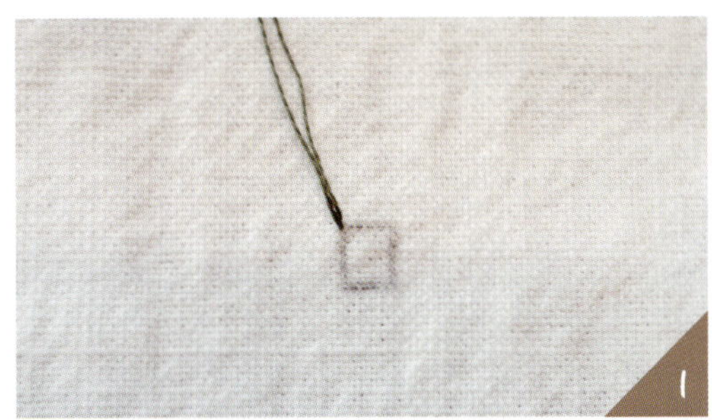

도안의 왼쪽 제일 위에서 바늘을 뺍니다.

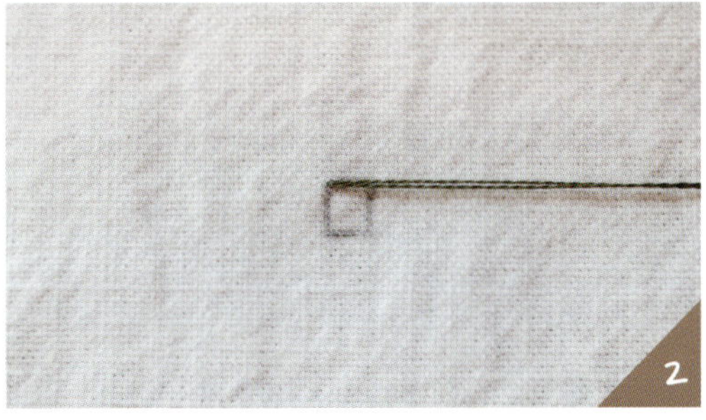

바늘을 꽂기 전에 실로 위치와 각도를 확인하면 위치를 정하는 데 도움이 됩니다.

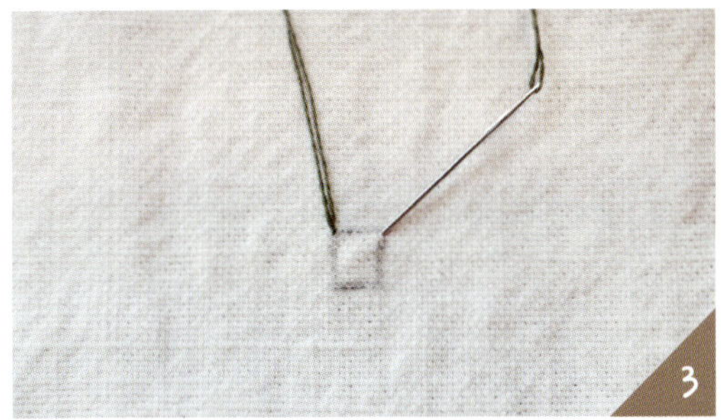

천의 결을 따라 같은 위치의 도안 오른쪽에 바늘을 꽂습니다.

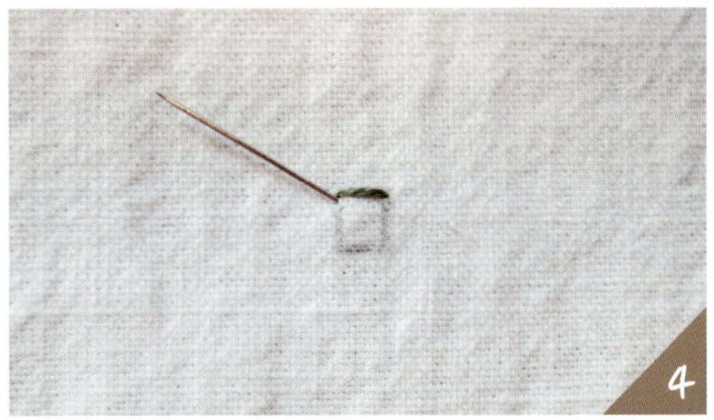

결을 확인하고 바로 처음 실이 나온 지점의 바로 아래에서 바늘을 뺍니다.

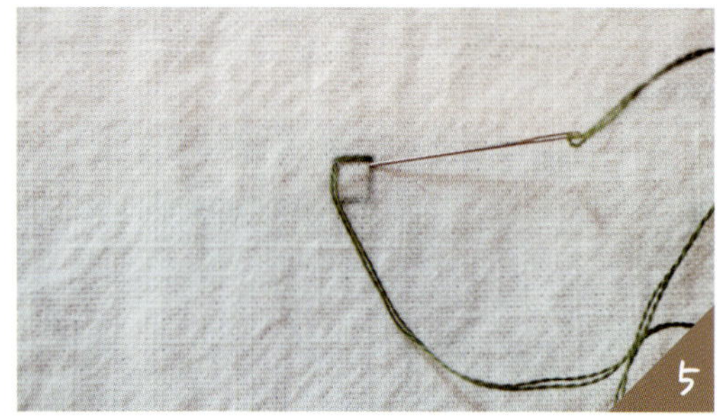

오른쪽 스티치의 바로 아래에 바늘을 꽂습니다. 연속으로 수놓습니다.

완성된 사각 새틴 스티치의 모습입니다.

원형 새틴 S.

원형 새틴 스티치는 깔끔하게 원형으로 나오기가 생각보다 쉽지 않습니다. 양쪽의 동그란 부분이 보기보다 뾰족하지 않으므로, 양옆은 짧은 땀보다는 보통 사이즈의 땀 사이즈로 마무리 하는 게 좋습니다.

중앙부터 시작해 양옆을 수놓으면 더 수월합니다.

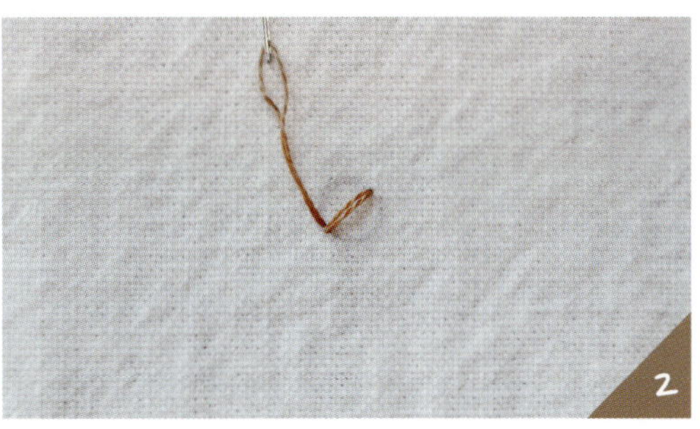

결을 확인하고 바로 왼쪽부터 수놓습니다.

중앙 스티치 3개는 동일한 사이즈로 수놓고 양옆 사이즈를 조금씩 줄이면 원형 새틴 스티치가 됩니다.

완성된 원형 새틴 스티치입니다.

방사형 새틴 S.

방사형 새틴 스티치는 일정하게 각도를 변형시키면서 수놓는 것이 까다로운 스티치입니다. 첫 스티치를 한 후에 바로 연결해 수를 놓으면 일정한 각도로 변형하기가 쉽지 않습니다. 미리 각도를 예상할 수 있도록 도안선을 그려놓고 스티치를 각도에 맞게 띄엄띄엄 수놓고 채워가면 각도를 조절하는 데 도움이 됩니다.

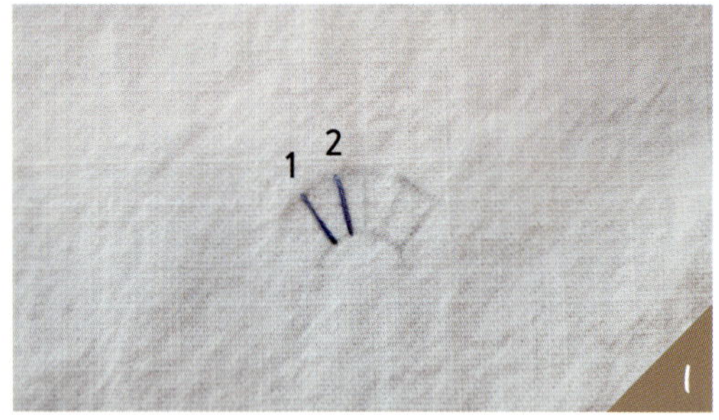

1번 스티치를 수놓고 2번 스티치를 수놓습니다.

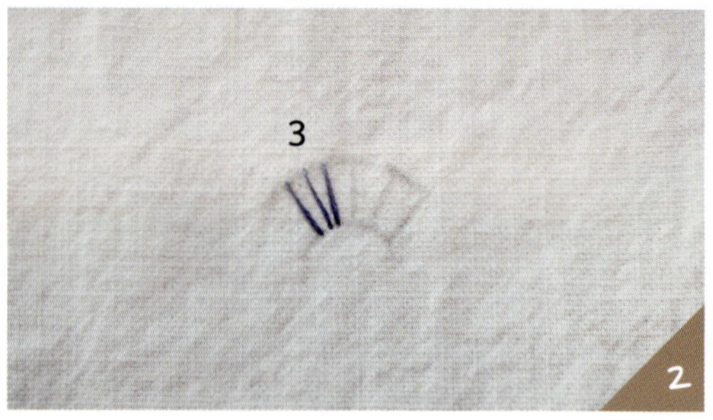

중간에 각도에 맞게 3번 스티치를 수놓습니다.

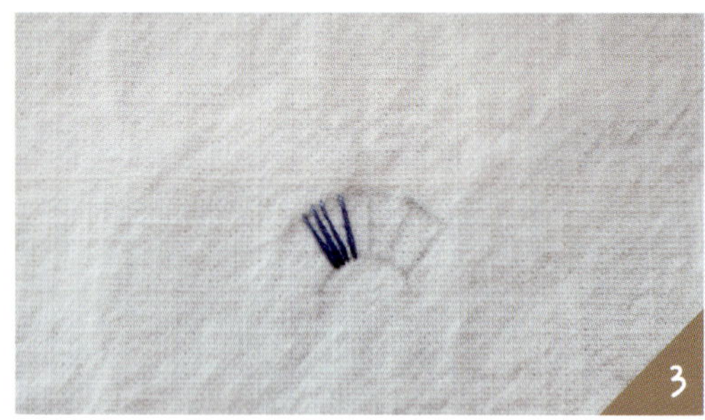

사이사이를 채우는 느낌으로 각도에 맞게 수놓습니다.

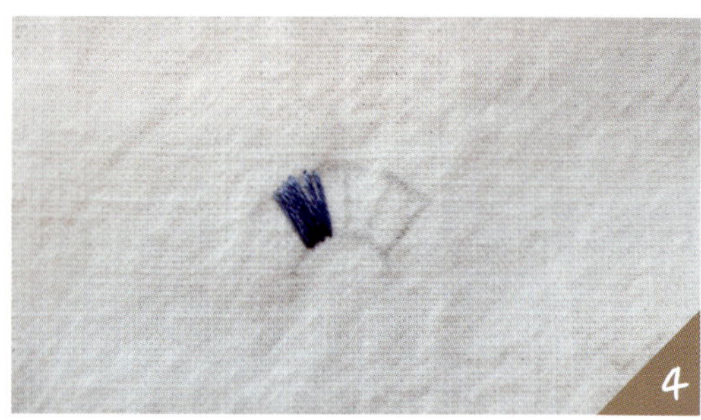

꾸준히 빈 공간을 채워서 수놓습니다.

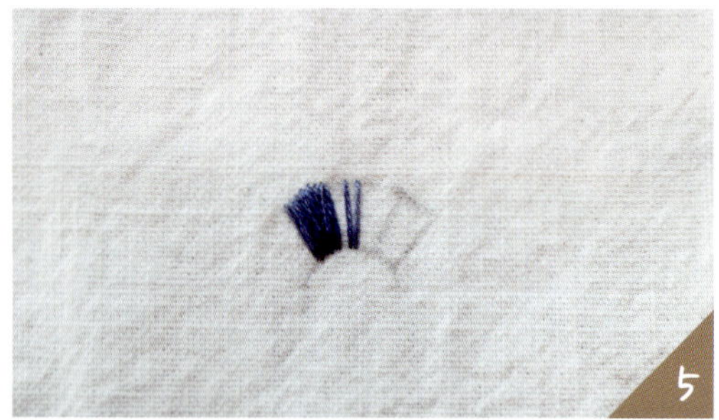

다음 칸을 수놓을 때도 3~4mm 정도 띄어서 각도에 맞게 수놓습니다.

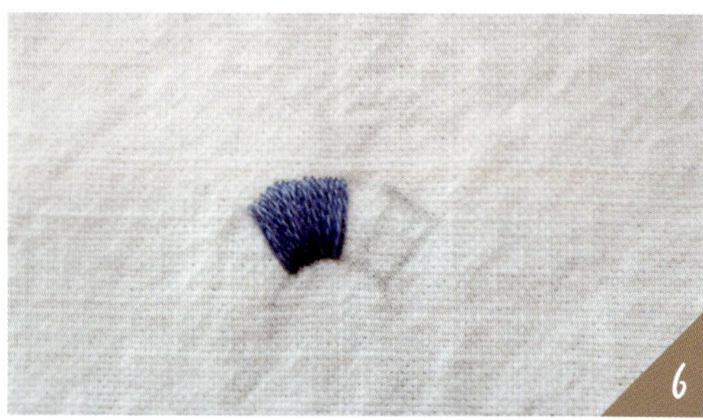

부분적으로 완성된 방사형 새틴 스티치입니다.

⑬ 롱앤숏 S.

오돌토돌한 면을 채울 때 많이 쓰는 스티치입니다. 긴 스티치와 짧은 스티치로 시작하지만 중간에 수놓는 스티치들은 모두 긴 사이즈의 스티치들입니다. 헷갈리기 쉬우니 숏 사이즈로 기준선을 그려놓고 하시면 도움이 됩니다.

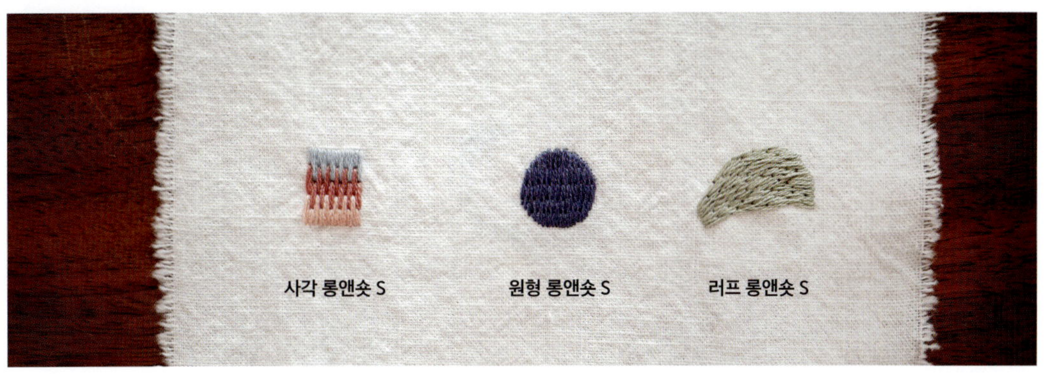

롱앤숏 S. 사각형

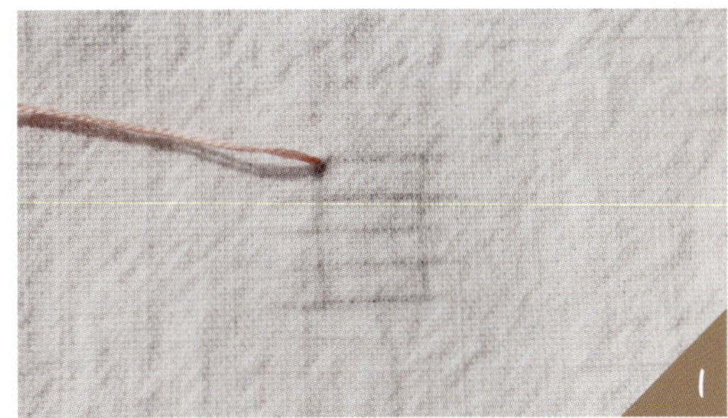

도안의 왼쪽 상단에서 바늘을 뺍니다.

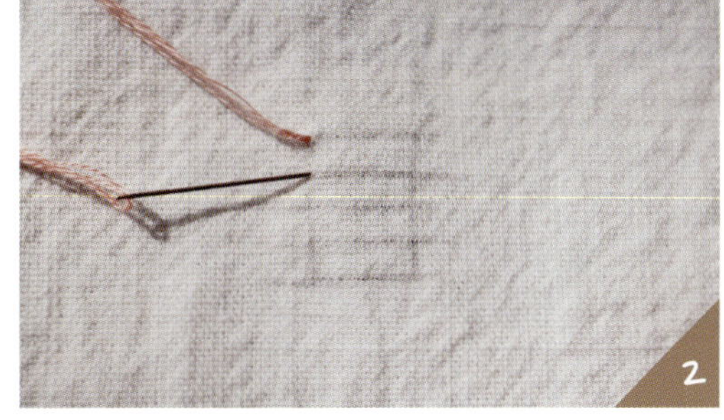

짧은 땀으로 숏스티치를 하나 수놓습니다.

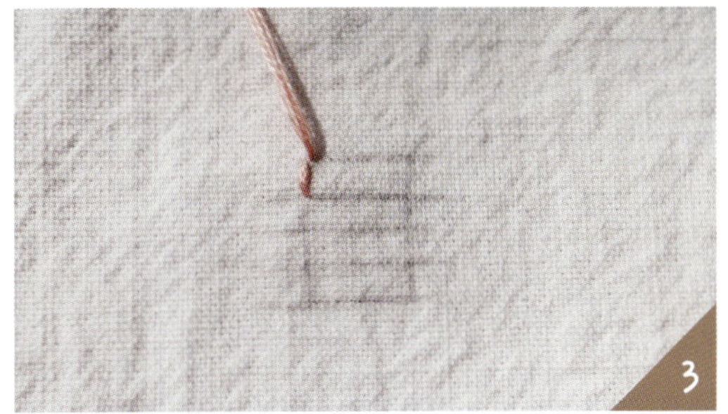

새틴스티치를 세로로 수놓듯 바로 옆으로 바늘을 빼줍니다.

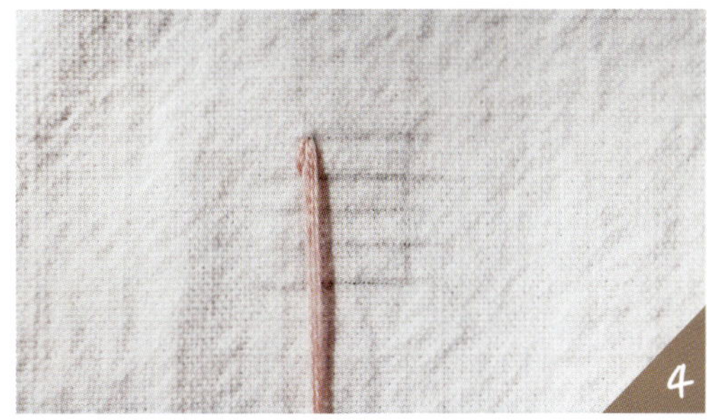

실을 먼저 각도에 맞게 잡아당겨 위치를 확인하면 도움이 됩니다.

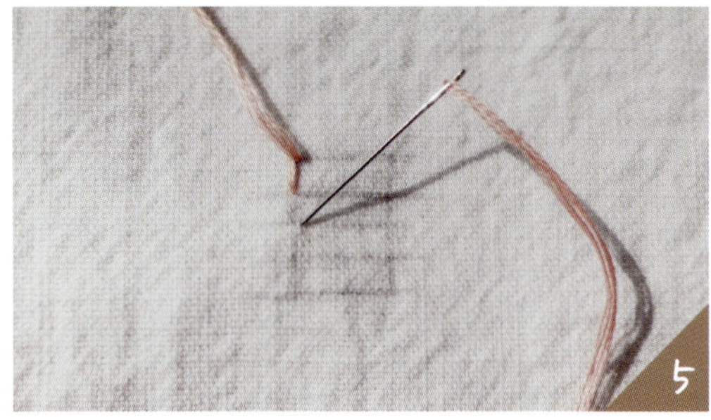

도안의 2칸이 롱스티치입니다. 두 칸 아래로 바늘을 꽂습니다.

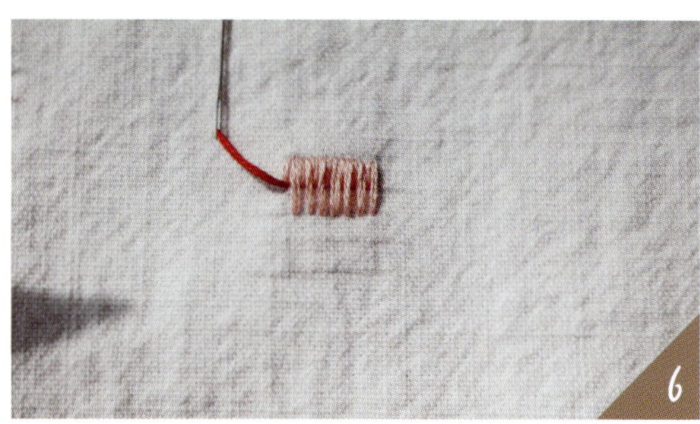

롱앤숏스티치를 모두 수놓은 모습입니다. 첫 번째 숏스티치 바로 아래에서 바늘을 뺍니다.

도안에 따라 잘리는 부분이 없으면 계속 롱스티치만 수놓습니다.

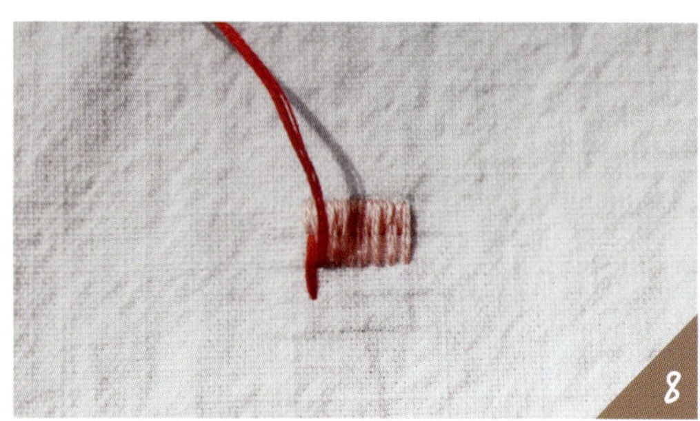

두 번째 롱스티치 바로 아래에서 바늘을 뺍니다.

마찬가지로 실을 당겨 위치를 가늠해보면 도움이 됩니다.

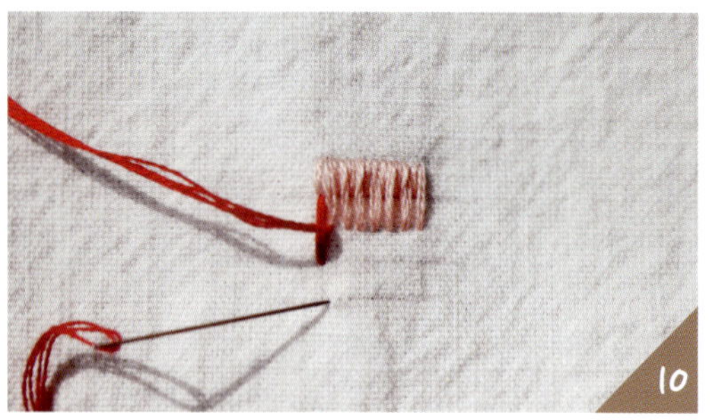

같은 위치로 두 칸 아래에 바늘을 꽂습니다.

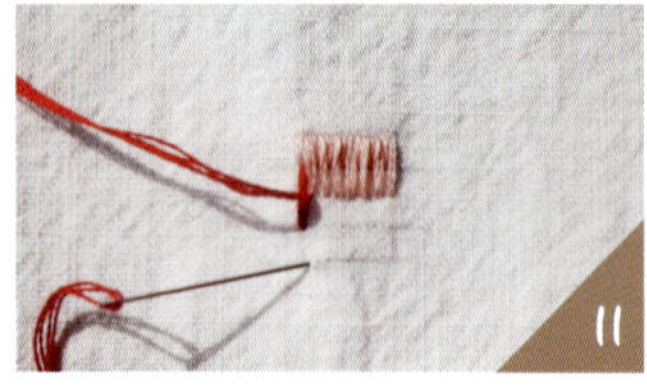

롱스티치를 연속으로 수놓은 모습입니다.

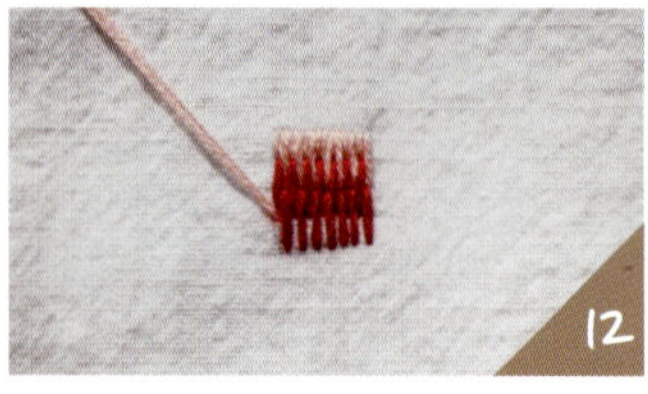

이 도안은 숏스티치만 채우면 끝나는 도안입니다.

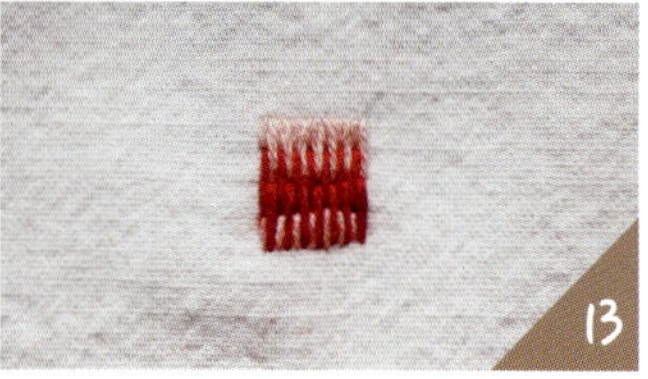

숏스티치로 남은 부분을 채운 모습입니다.

롱앤숏 S. 잎사귀

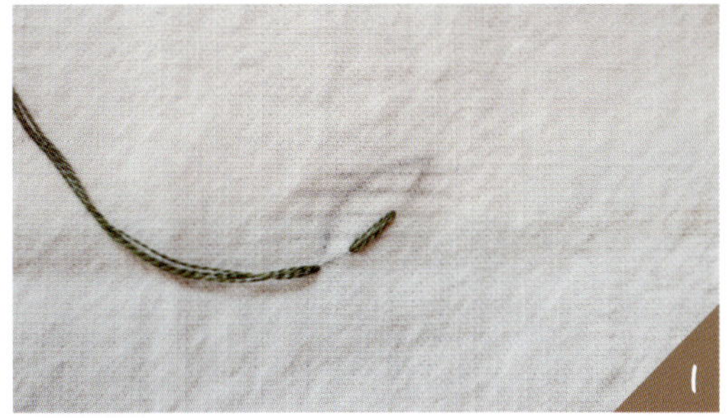

잎사귀 도안은 모양이 곡선으로 되어있으므로 도안의 가장 오른쪽에서 롱스티치로 시작합니다.

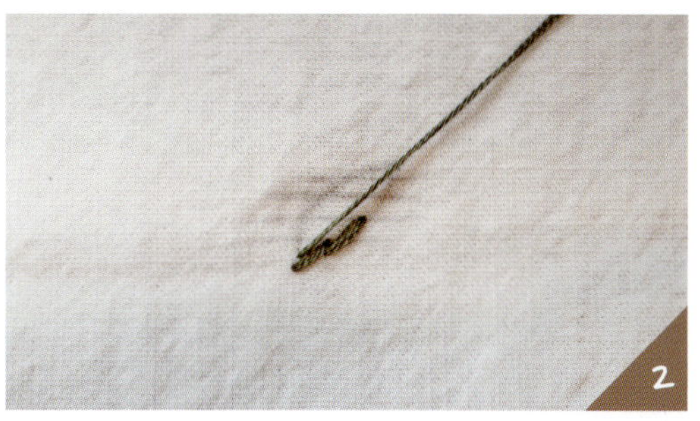

각도에 맞게 왼쪽으로 옮겨가며 도안에 따라 롱스티치를 수놓습니다.

도안에 맞게 롱스티치와 숏스티치를 번갈아 가며 수놓습니다.

아래의 첫 번째 칸을 채우면, 이제 롱스티치로만 수놓습니다.

롱스티치로 면을 채워가고 있는 모습입니다.

롱앤숏으로 마무리된 잎사귀 모양입니다.

⑭ 카우칭 S.

카우칭은 굵은 실을 가는 실로 고정시킨다는 뜻입니다. 주실(굵은실)이 시작되는 지점, 도안이 시작되는 지점에서 나와서 도안대로 수 놓인 실을 감으며 가다가 도안이 끝나는 지점에서 천으로 들어가서 마무리합니다.

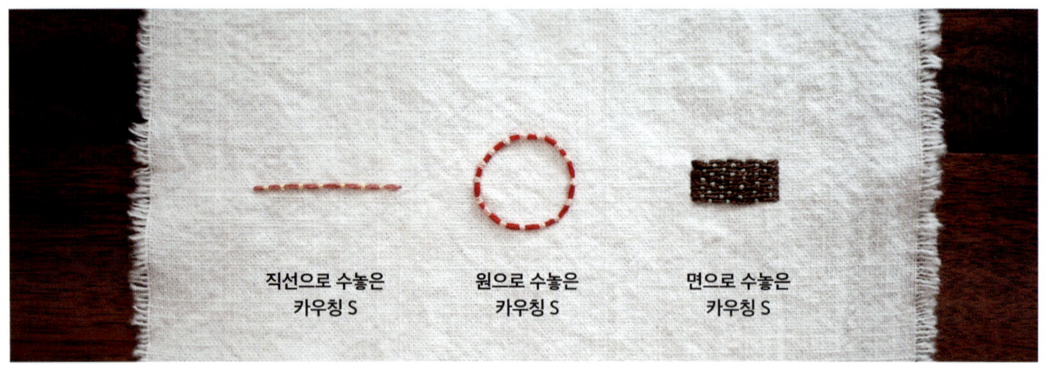

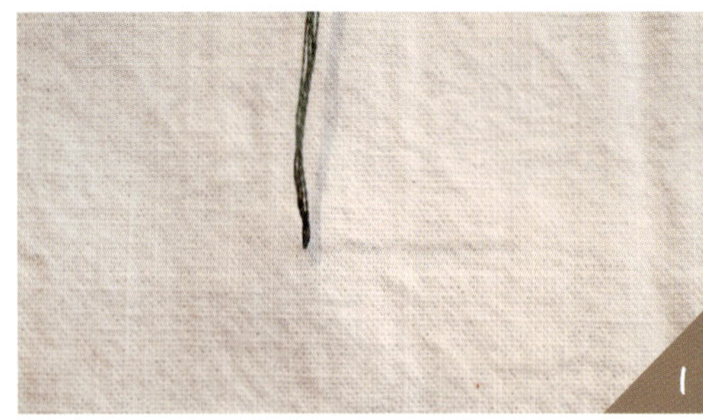

도안의 왼쪽 끝에서 주실(4가닥) 바늘을 뺍니다.

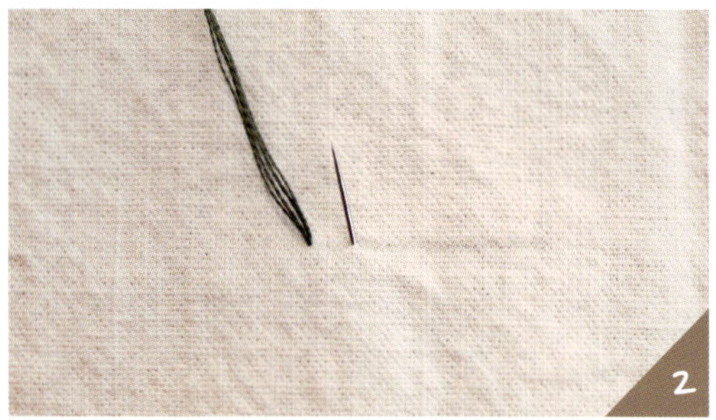

카우칭 스티치를 할 부분에서 감는 실(2가닥) 바늘을 뺍니다.

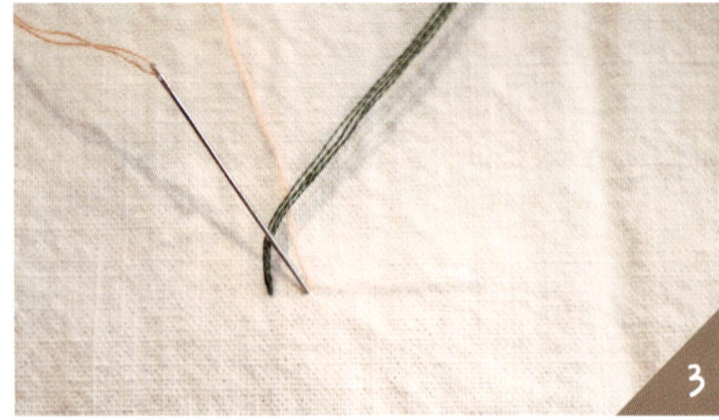

주실을 감싸는 형태로 가운데에 두고 (2)번에서 나온 구멍으로 바늘을 다시 꽂습니다.

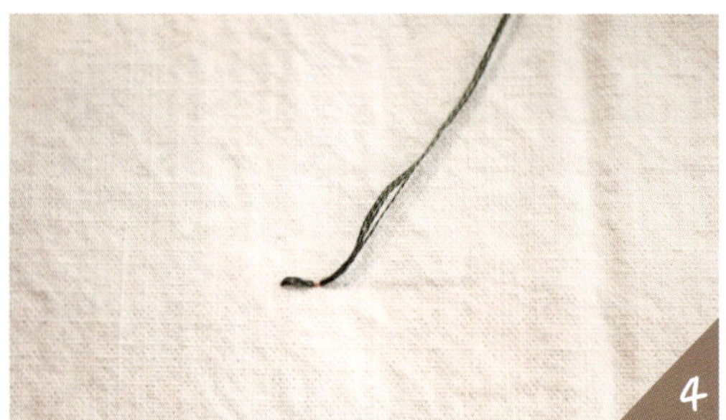

당기면 사진과 같이 됩니다.

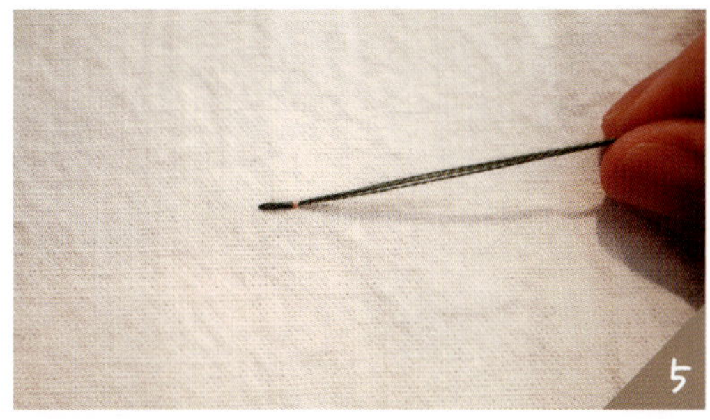

사진과 같이 손으로 주실을 당겨주면 예쁘게 정리가 됩니다.

다음 땀을 할 자리에서 감는 실 바늘을 뺍니다.

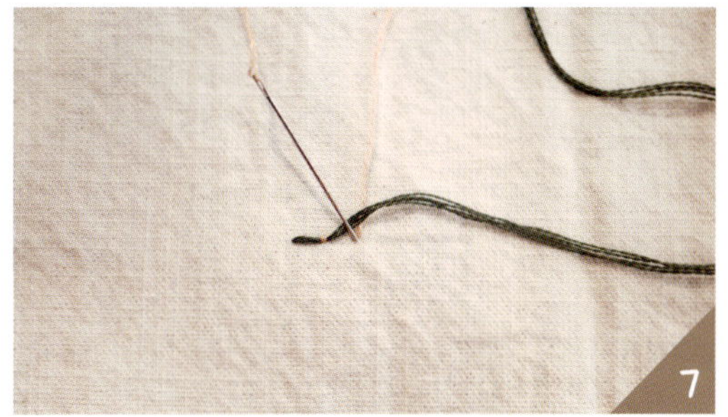

다시 (6)번의 바늘이 나온 구멍으로 바늘을 꽂습니다.

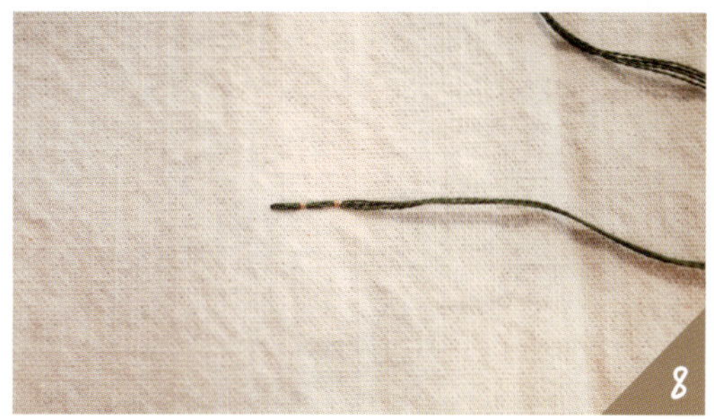

카우칭 스티치를 두 번 수놓은 모습입니다.

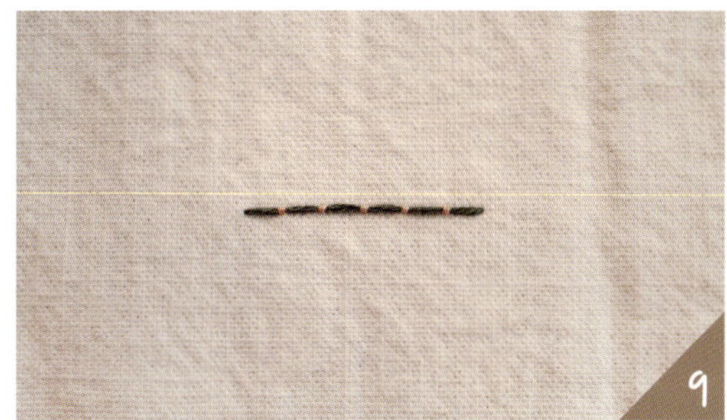

끝까지 수놓은 카우칭 스티치의 모습입니다.

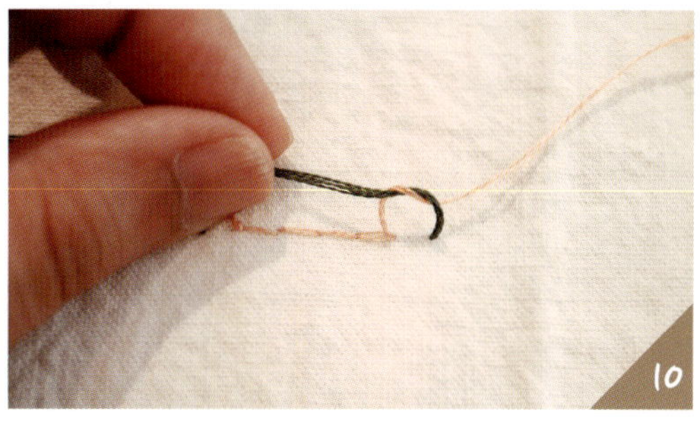

두 개의 실을 묶어 뒷면을 마무리 합니다.

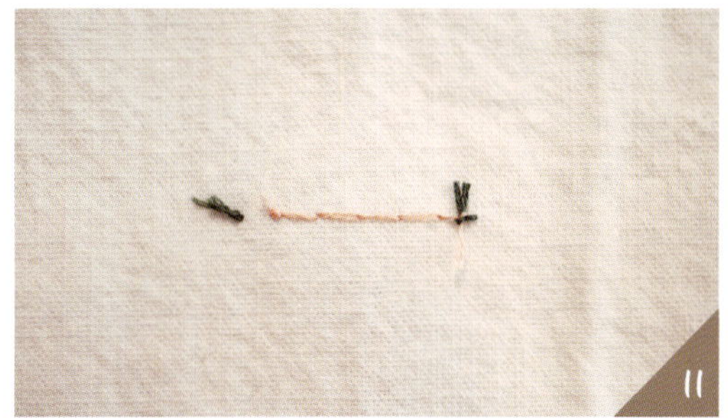

처음 묶을 때는 실의 여유분이 없을 때 까지 당기고, 두 번째 묶을 때는 꽉 묶어줍니다.

⑮ 스파이더웹 로즈 S.

지지대 실이 홀수인 것이 특징인 스파이더웹 로즈 스티치는 실이 지지대실을 감는 모양이 거미줄 같이 생겨서 스파이더라는 이름이 덧붙여졌습니다. 지지대 실을 감는 실로 엇갈려 감기만 하면 도톰하게 완성되는 스파이더웹 로즈 스티치입니다. 동그란 꽃 모양의 입체 스티치가 순식간에 완성됩니다.

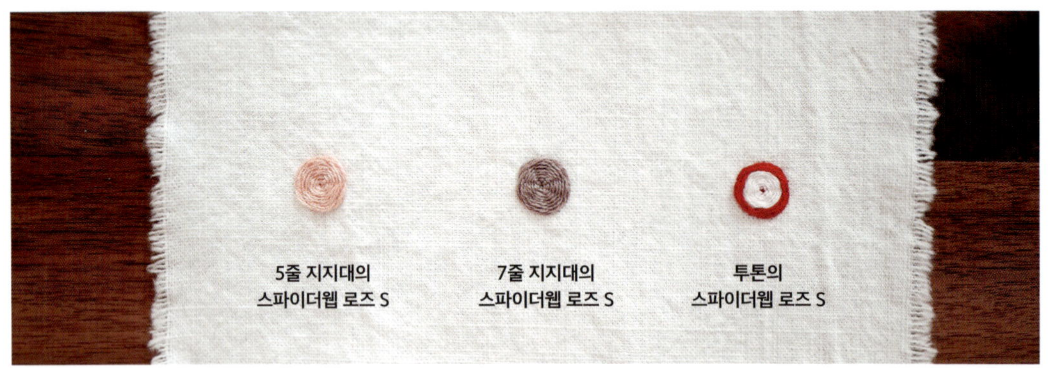

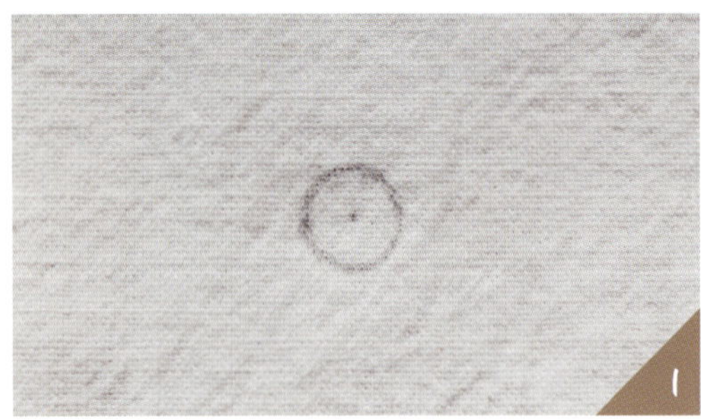

스파이더웹 로즈 스티치는 지지대가 필요한 스티치입니다. 원하는 스티치 사이즈대로 원을 그려준 다음 중앙에 점을 찍습니다.

번호에 맞게 지지대를 그리면 각도를 일정하게 유지하는데 도움이 됩니다.

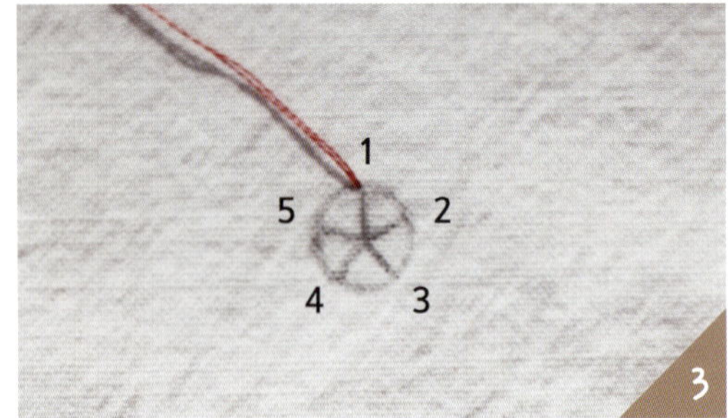

지지대부터 수놓습니다. 상단에서 바늘을 뺍니다.

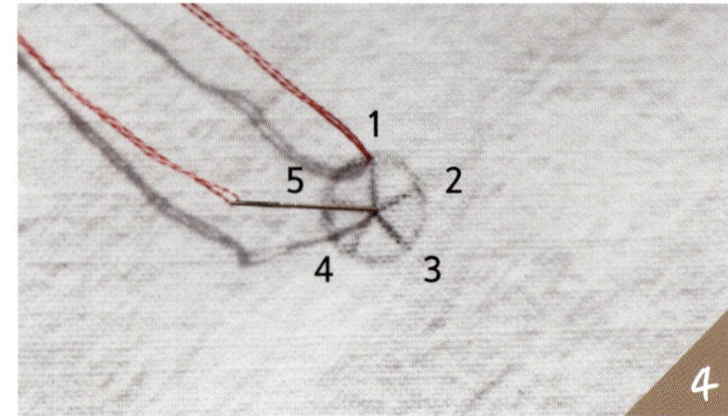

중앙의 점으로 바늘을 꽂습니다.

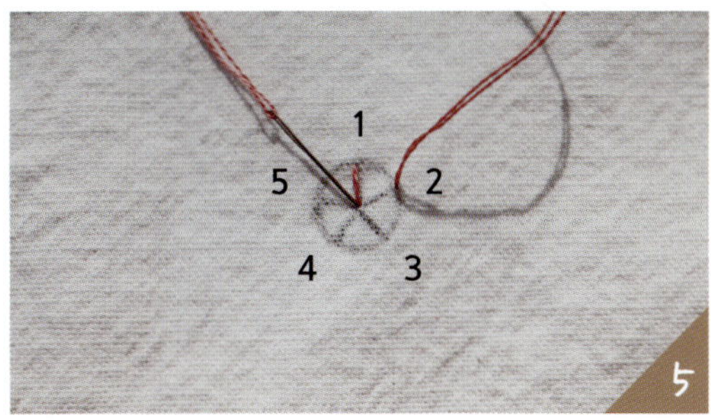

오른쪽 방향으로 차례차례 지지대를 안쪽의 지지대를 수 놓습니다.

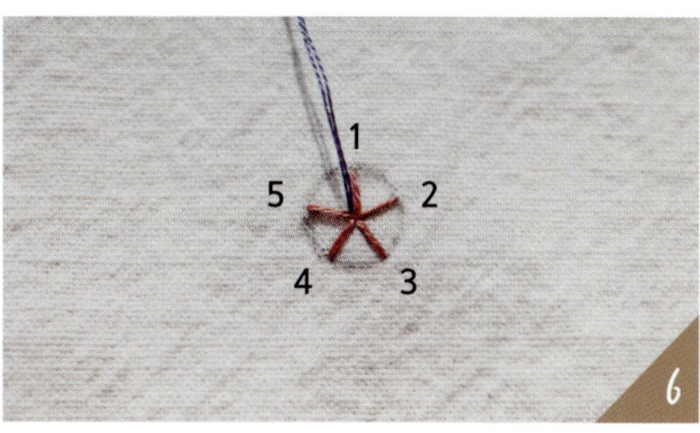

지지대를 다 수놓은 후 1, 5번줄 사이의 꼭짓점 안쪽으로 바늘을 뺍니다.

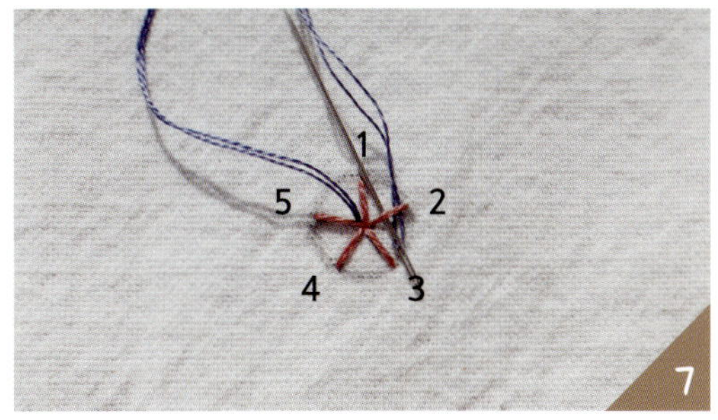

실을 오른쪽 방향의 2번 지지대 아래로 바늘귀를 이용해 넣습니다.

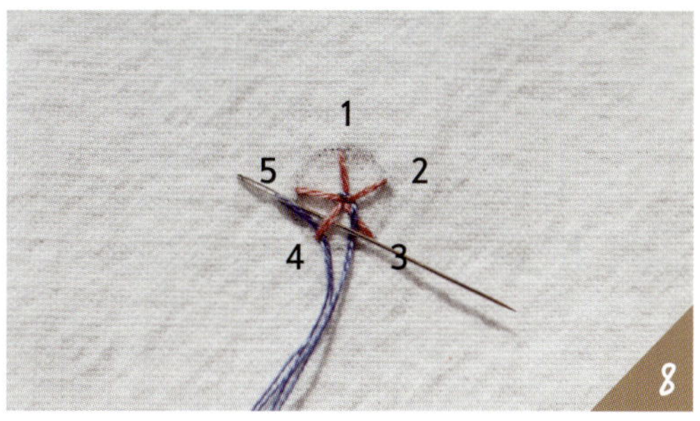

이어서 3번을 건너뛰고 4번 지지대 아래로 바늘을 넣습니다.

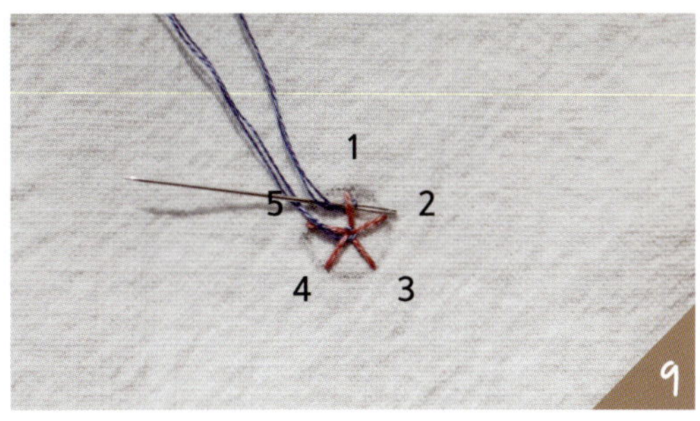

이어서 1번 지지대 아래로 바늘을 넣습니다.

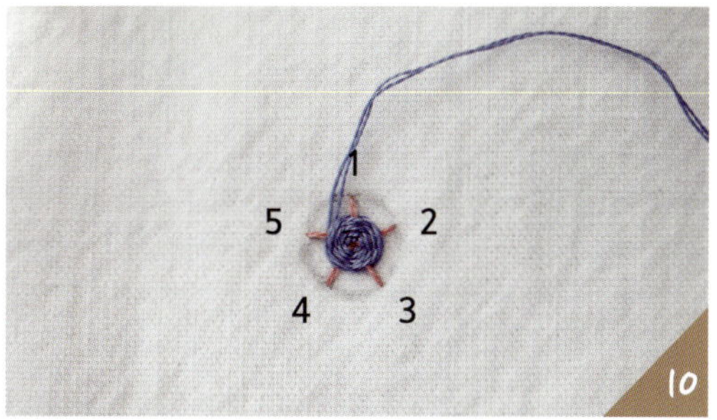

연속적으로 한 개씩 지지대를 건너뛰고 감은 모습입니다.

지지대가 보이지 않을 때까지 감습니다.

끝까지 감은 지지대가 생겨도 남은 지지대가 보인다면 사진과 같이 스티치 아래로 바늘을 넣어서 감을 수 있습니다.

사진과 같이 스티치 아래로 숨기듯 바늘을 넣습니다.

완성된 스파이더웹 로즈 스티치입니다.

⑯ 블리온 S.

블리온은 금괴, 금덩어리라는 뜻입니다. 너무 작아 금덩어리처럼 보이지는 않지만 촘촘하고 고르게 실이 감겨서 광이 나는 느낌 때문에 그런 이름이 붙지 않았나 생각해 봅니다. 작지만 촘촘히 감긴 실이 입체적인 느낌이 나기 때문에 고급스러운 스티치입니다.

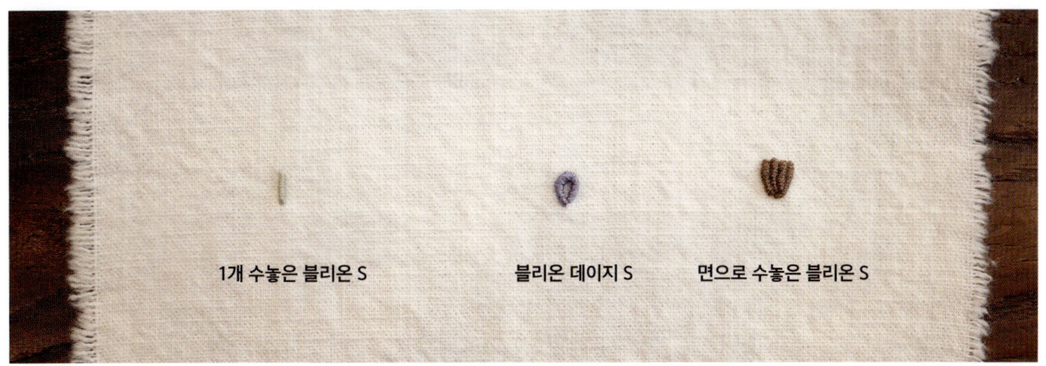

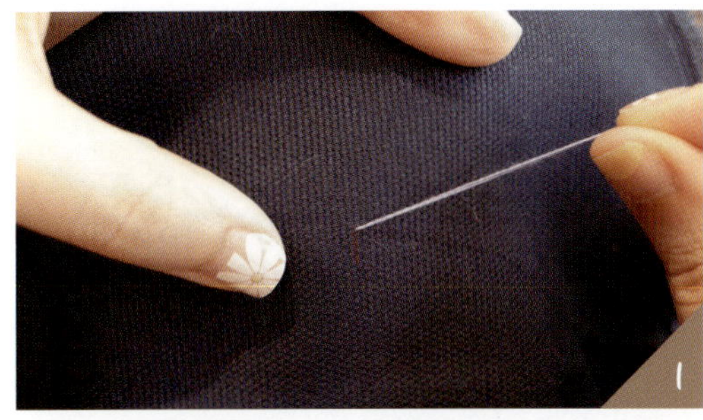

직선 도안의 윗부분에서 바늘을 뺍니다.

직선 도안의 아래에서 바늘을 꽂습니다.

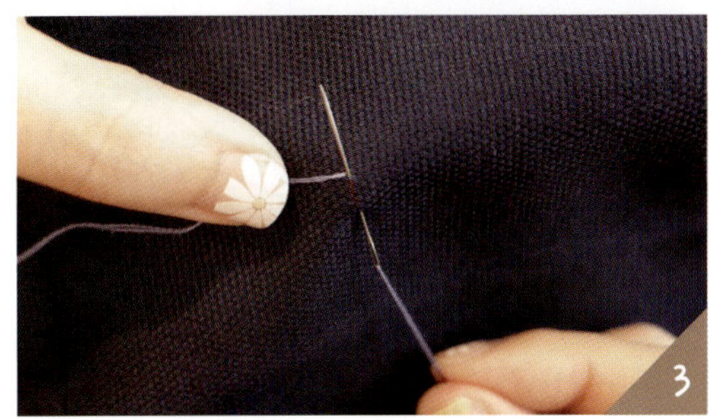

(1)번 자리의 왼쪽 바로 옆에서 바늘을 뺍니다.

왼손의 검지를 바늘 뒤에 살짝 대어 실이 일정하게 감기도록 도와주면서 오른손을 이용해 오른쪽에서 왼쪽으로 돌려가며 실을 감습니다.

직선 도안보다 더 크도록 두 번 정도 더 감습니다.

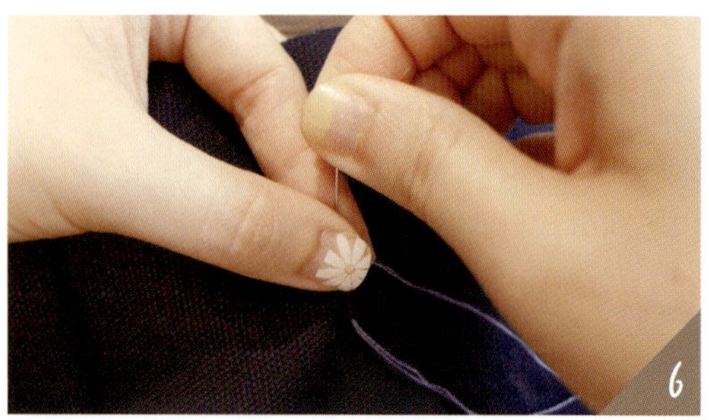

감은 실이 풀리지 않도록 왼손 엄지와 검지를 이용해 잡습니다.

왼손의 엄지와 검지를 이용해서 비벼주면 실이 더 잘 빠집니다.

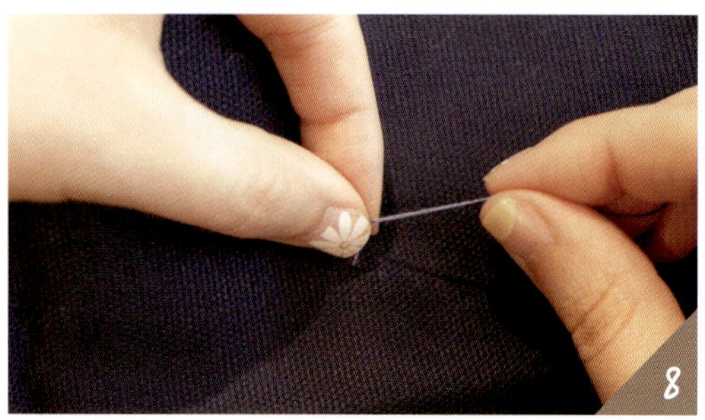

더 이상 실이 빠지지 않을 때까지 당깁니다.

실을 몸쪽 6시 방향으로 당긴 후 스티치와 가까운 곳을 잡아 살살 통과시킵니다.

스티치의 아랫부분에 바늘을 꽂습니다.

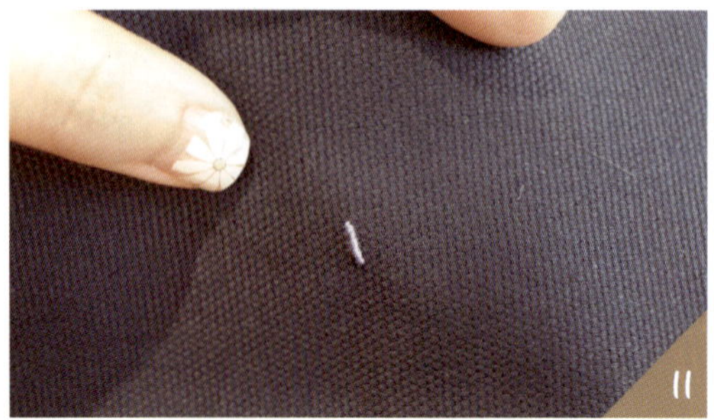

완성된 블리온 스티치의 모습입니다.

블리온 데이지 S.

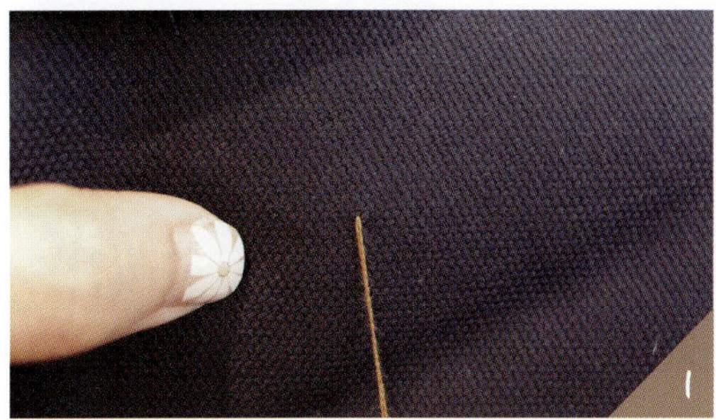

블리온 데이지 스티치의 도안은 점으로 그립니다. 점의 윗부분에서 바늘을 뺍니다.

점의 아랫부분에서 바늘을 뺍니다.

점의 윗부분으로 바늘을 뺍니다.

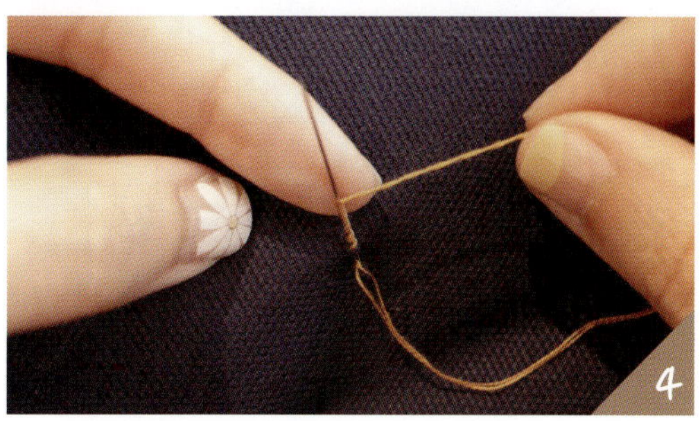

블리온과 마찬가지로 왼손 검지를 이용해 여유 있게 실이 감기도록 감습니다.

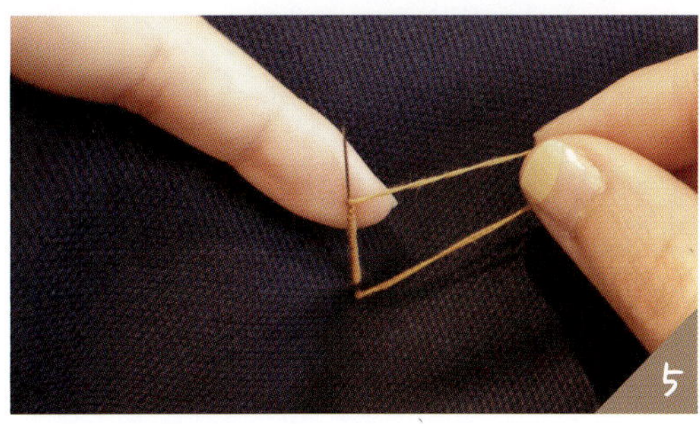

스티치가 반 접혀야 하므로 원하는 사이즈의 두 배로 감습니다.

감은 실 윗부분을 왼손 엄지와 검지로 잡고 바늘을 뺍니다.

왼쪽 엄지와 검지를 이용해 살살 비벼주면 바늘이 좀 더 쉽게 빠집니다.

더 이상 당기지 않을 때까지 당겨주고 왼손을 놓은 모습입니다.

다시 왼손으로 감은 실을 고정하면서 실을 더 뺍니다.

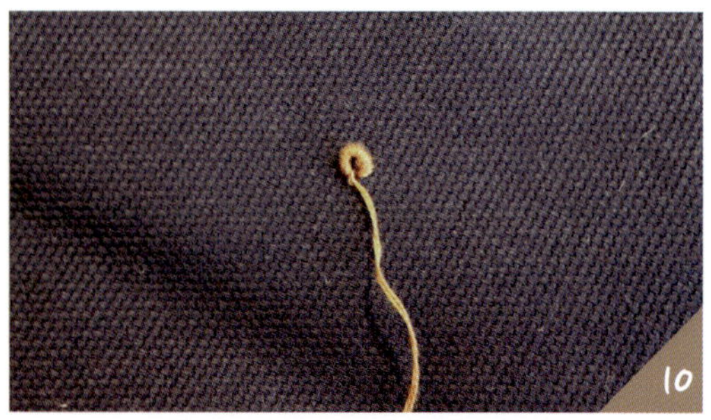

실을 모두 통과시킨 모습입니다.

실이 나온 부분의 반대편에 바늘을 꽂습니다.

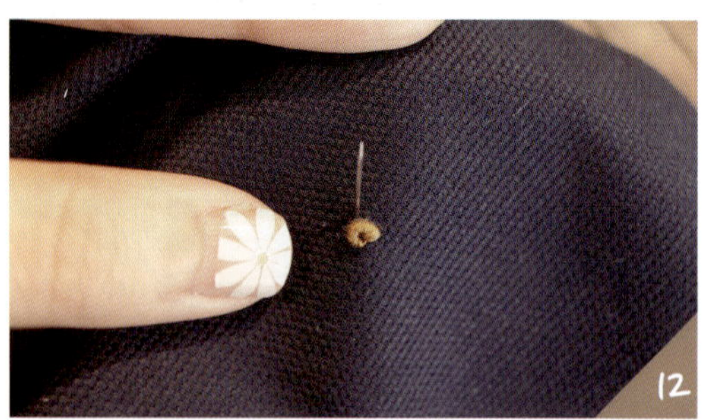

스티치를 고정시킬 부분의 위에서 바늘을 뺍니다.

레이지 데이지를 하듯 스티치의 안쪽으로 바늘을 꽂습니다.

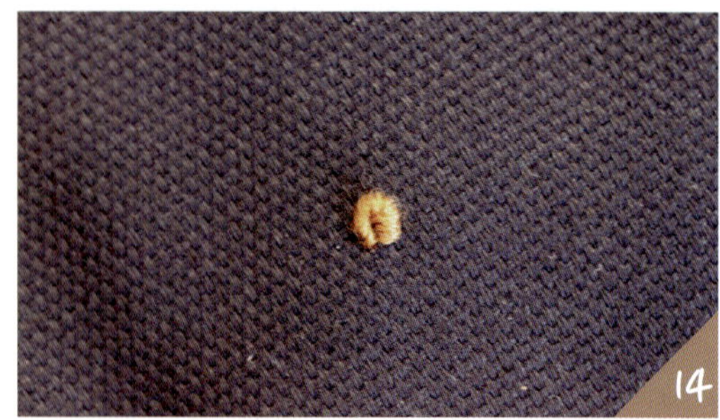

완성된 블리온 데이지 스티치의 모습입니다.

⑰ 스미느라 S.

스미느라는 터키의 지명으로, 고리 모양으로 생긴 터키식 스티치입니다. 고리 모양으로 천에서 떨어져 있기 때문에 입체적으로 보여 다양하게 활용이 가능합니다. 스미느라 스티치는 고정형과 비고정형이 있으므로 필요에 따라 사용하시면 됩니다.

고정 스미느라 S.

비고정 스미느라 S.

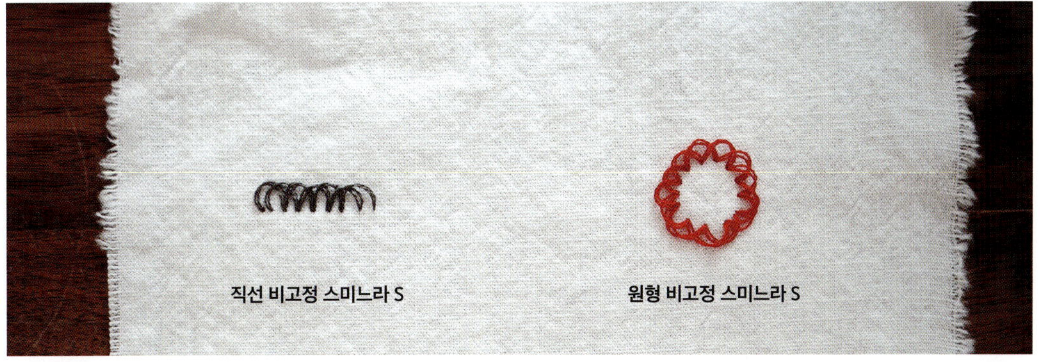

비고정 스미느라 S. 커팅

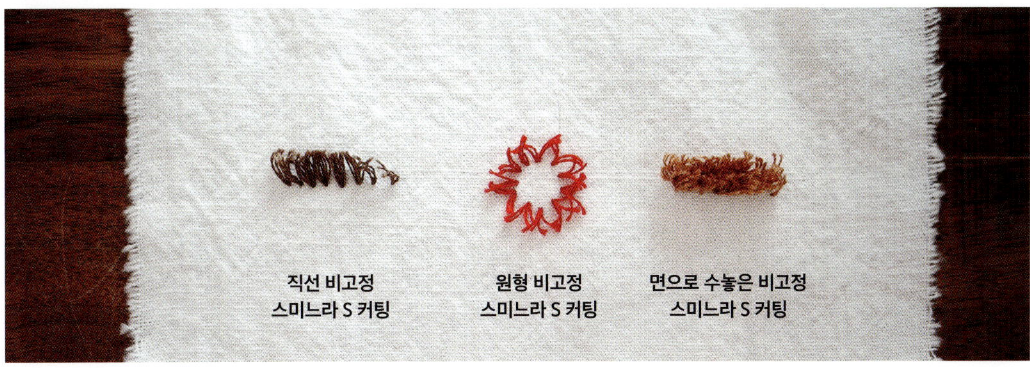

비고정 스미느라 S.

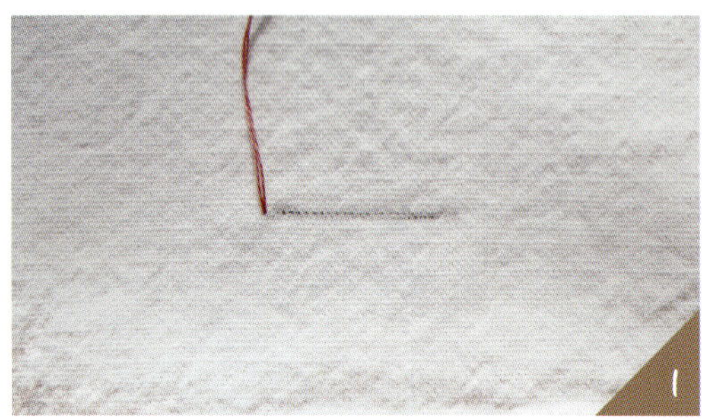

도안의 가장 왼쪽에서 바늘을 뺍니다.

한 땀 사이즈로 바늘을 넣고, 실을 당길 때 왼손으로 누르면서 당기면 나와 있는 실의 사이즈를 조정할 수 있습니다.

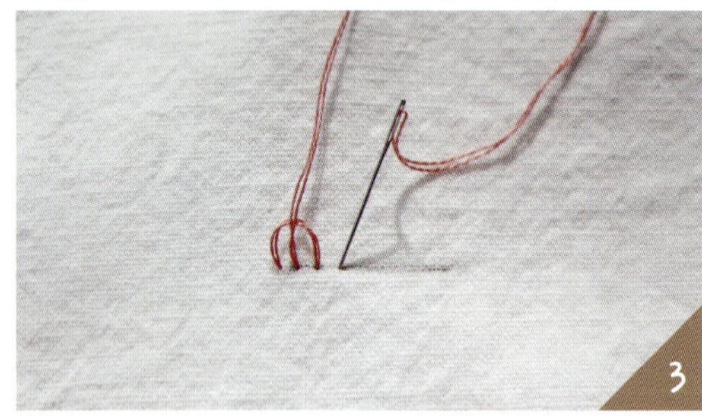

첫 번째 땀의 중앙으로 바늘을 빼서 같은 사이즈로 한 땀을 수놓습니다.

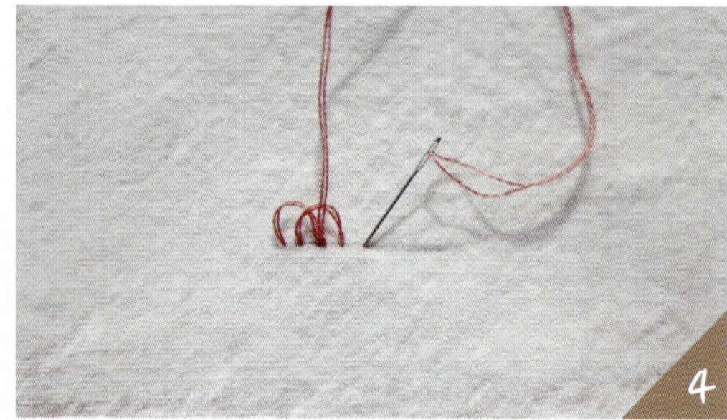

연속해서 같은 방식으로 수놓습니다.

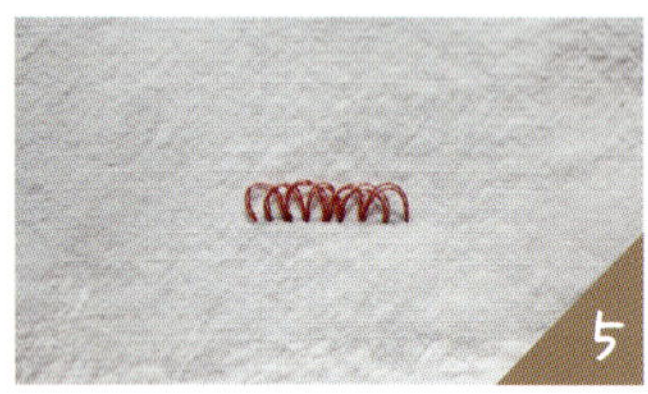

직선으로 수놓은 스미느라 스티치입니다.

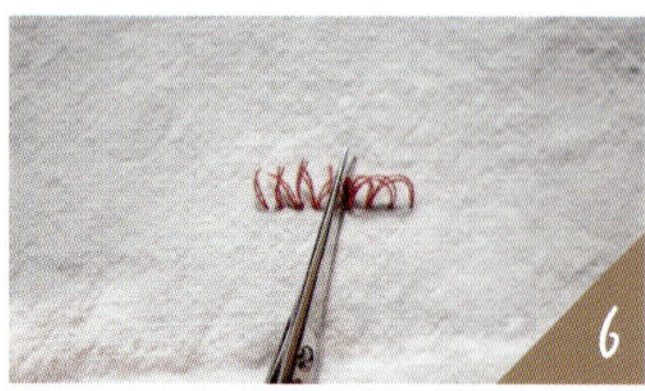

하나하나 커팅을 하면 커팅 스미느라 스티치가 됩니다.

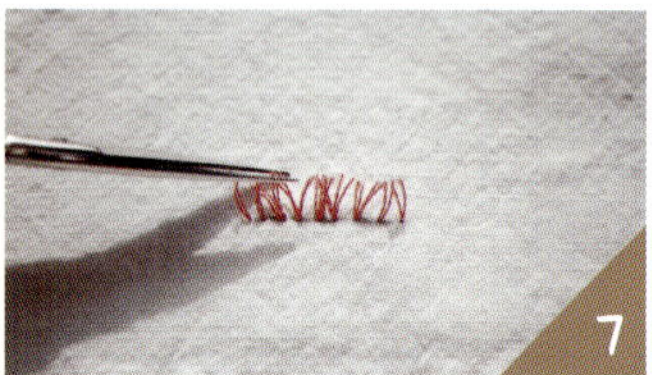

모두 커팅된 스미느라 스티치의 모습입니다.

고정형 스미느라 S.

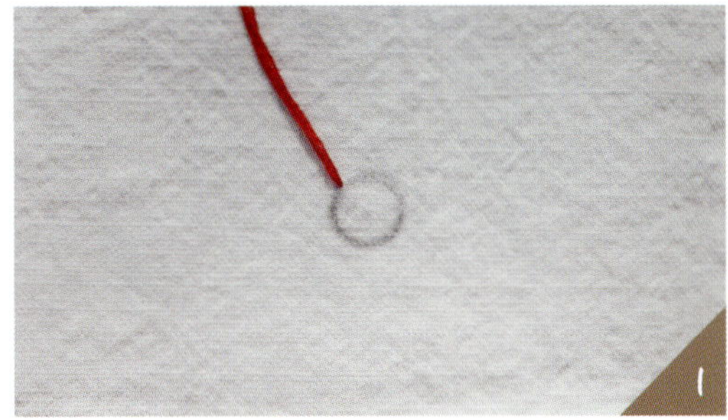

적당한 지점에서 바늘을 뺍니다.

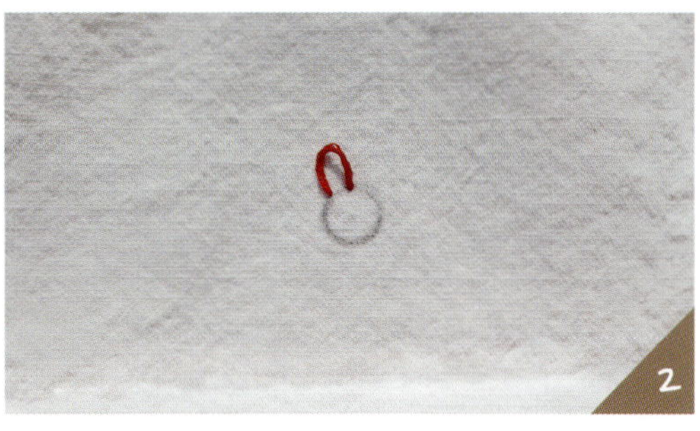

한 땀 사이즈로 원하는 만큼 실을 남겨두고 수놓습니다.

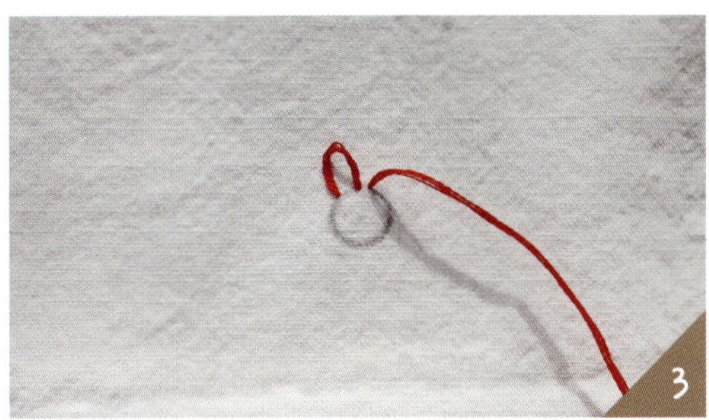

작은 땀으로 한 땀 수놓습니다.

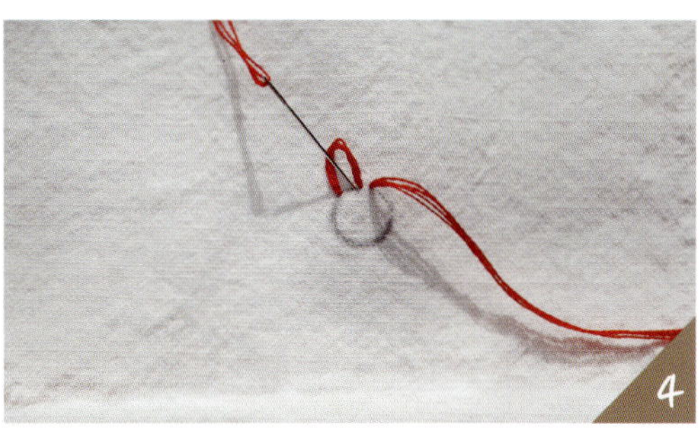

왼쪽 실을 감싸듯 작은 땀을 하나 수놓습니다.

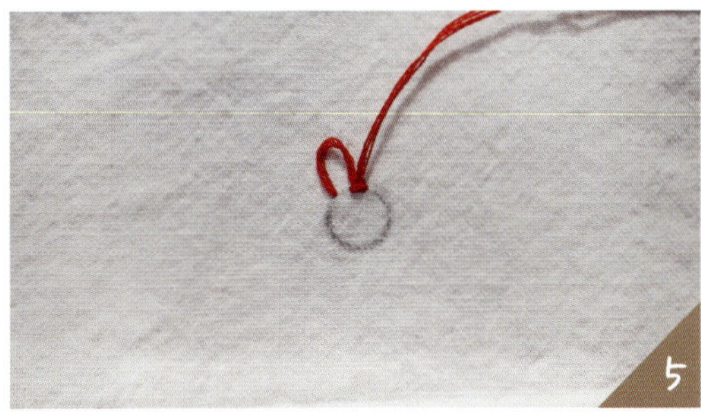

오른쪽 남은 공간에서 바늘을 뺍니다.

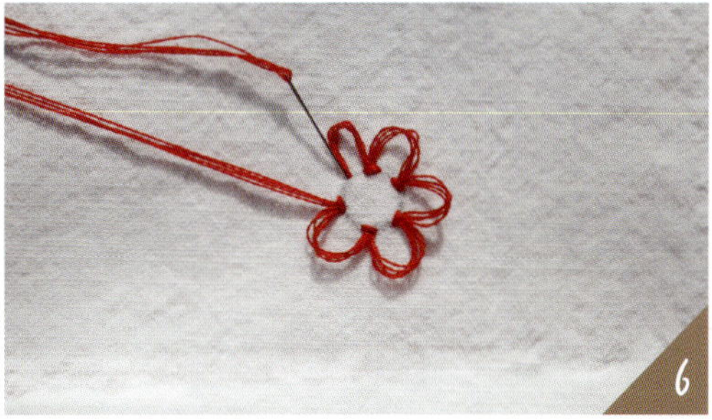

같은 방법으로 반복한 모습입니다. 원이기 때문에 정확히 첫 번째 스티치 바로 왼쪽으로 바늘을 넣습니다.

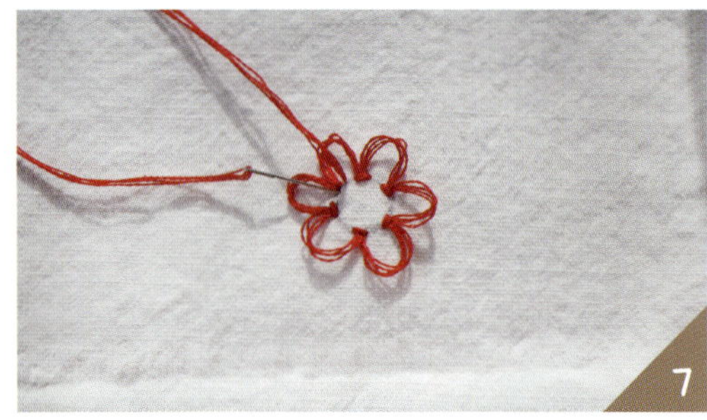

(5)번과 마찬가지로 감싸듯 실사이즈 두 개만큼의 땀으로 바늘을 꽂습니다.

완성된 고정형 스미느라 스티치의 모습입니다.

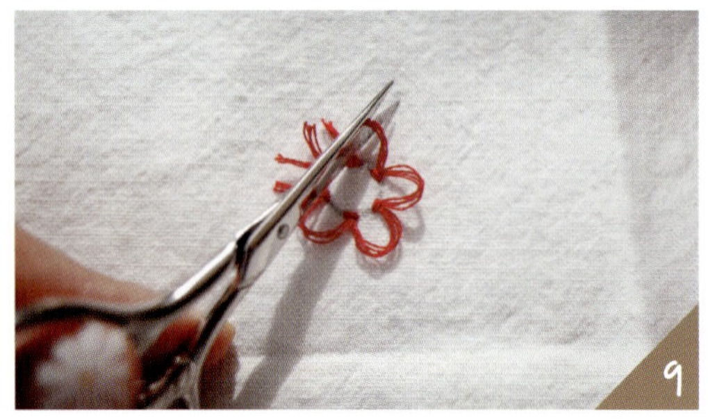

하나씩 가위로 사이즈를 고려하며 잘라주면 커팅 스미느라 스티치가 됩니다.

TIP ··· 스미느라 스티치는 빠지지 않게 고정이 되기 때문에 파우치나 가방 등 생활용품에 수놓을 수 있지만, 비고정형 스티치는 빠질 수 있기 때문에 사용하지 않을 전시용 소품에 사용하는 것이 좋습니다.

chapter. 03

돼냥이 세 마리 도안

* 푸른 계열의 염색 린넨에 수놓았습니다.
쿠션이나 에코백 등에 수놓으면 예쁜 소품이 될 것 같습니다.

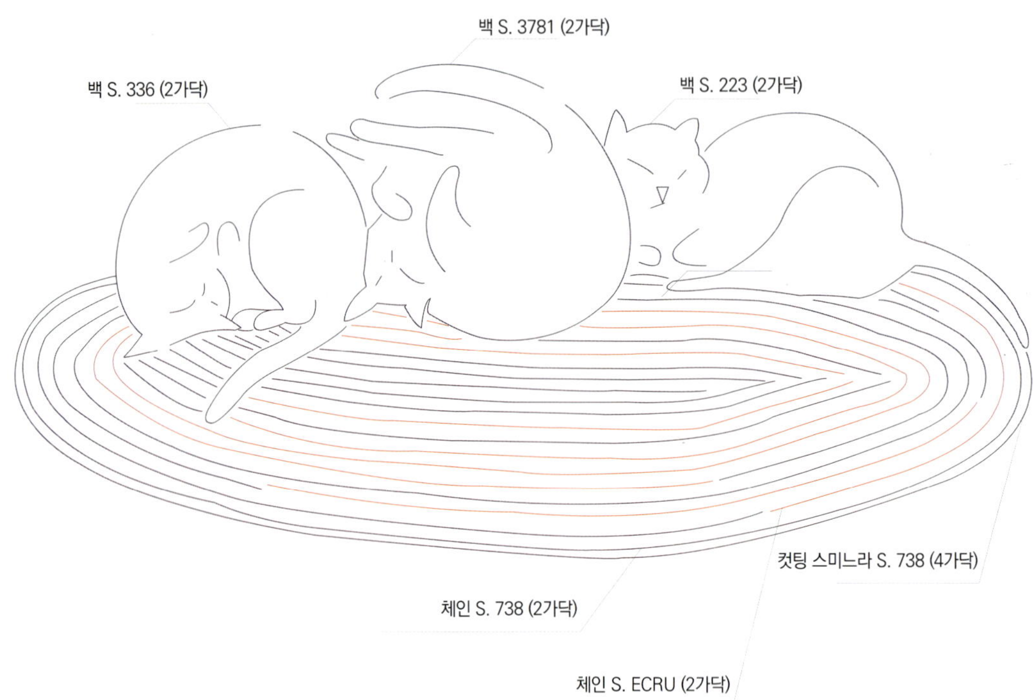

chapter. 03

눈의 여왕 도안

* ━━ 표시는 모두 스트레이트 스티치입니다.
눈의 결정은 모두 스트레이치 스티치와 플라이 스티치를 연결해 수놓았습니다.
스트레이트 스티치와 플라이 스티치를 잘 구분지어 수놓으시면 됩니다.

스트레이트 S. 금사 (2가닥)

스트레이트 S. ECRU (2가닥)
*은사와 ECRU를 번갈아 가며 수놓습니다.

프렌치 노트 S. ECRU (4가닥)
*두껍게 표기된 동그라미는 4가닥의 프렌치 노트 스티치입니다.

SNOW QUEEN

체인 S. BLANC (2가닥)

주로 금사, 은사, ECRU를 사용했지만 취향에 따라 금사와 은사를 더 사용해도 예쁜 도안이 될 것 같습니다. 먼저 눈의 여왕 도안을 모두 수놓고 뒷면을 러닝 스티치로 마무리합니다. (134p 참조)

chapter. 03

스노우볼 만들기

1mm 흰색 펠트에 수를 놓고 3mm 펠트를 잘라 스노우볼 모양을 만들었습니다.

안쪽 수틀을 사진과 같이 올리고 위쪽 동그란 부분을 대고 그립니다.

안쪽 수틀을 사진과 같이 아래로 옮긴 후 바깥쪽 동그란 부분을 대고 그립니다.

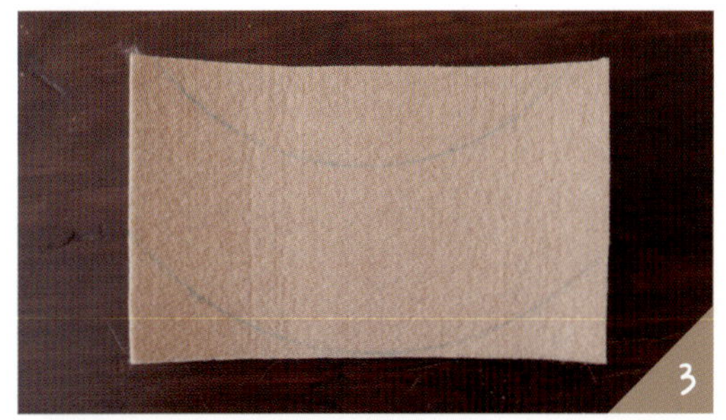

잘 대고 그리면 위 사진과 같이 됩니다.

선을 따라 가위로 자릅니다.

예쁘게 'SNOW QUEEN'이라고 수 놓습니다.

E600 본드를 준비합니다. 다른 순간접착제를 사용해도 상관없습니다.

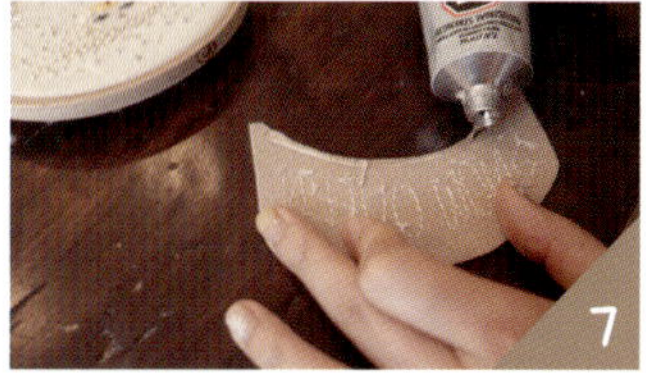

펠트 윗면에 본드를 고르게 바릅니다.

뒤집어서 눈의 여왕 수틀 아랫부분에 붙이면 마무리됩니다.

chapter. 03

걸리버 고양이 도안

* 고양이 몸 안의 ━━ 는 모두 746(2가닥)으로 수놓은 스트레이트 스티치입니다.
* 고양이 몸 안의 ━━ 는 모두 310(2가닥)으로 수놓은 스트레이트 스티치입니다.
* 모든 사람은 o를 제외하고는 모두 새틴 스티치입니다. 편의상 실색만 표기합니다.

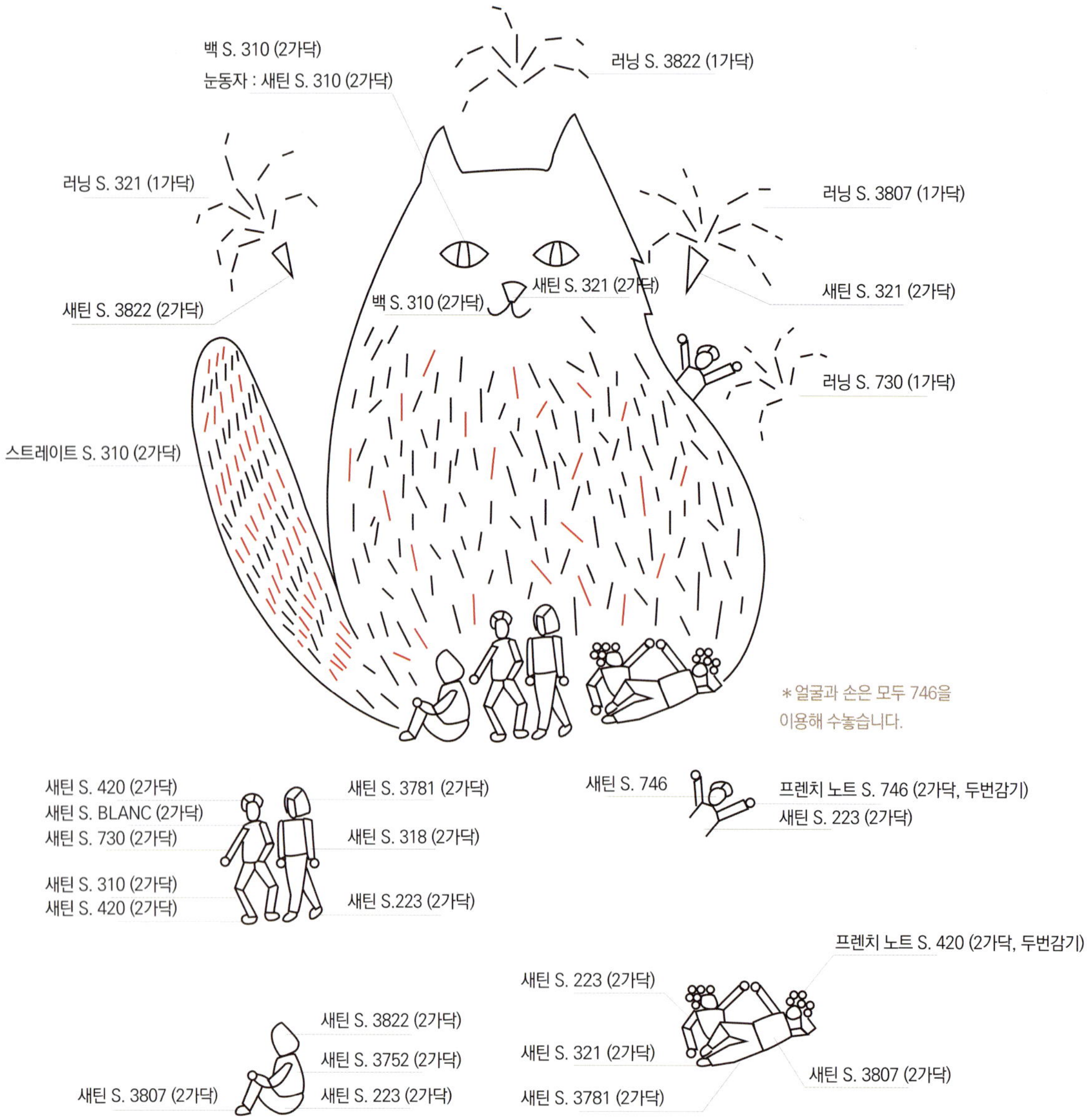

백 S. 310 (2가닥)
눈동자 : 새틴 S. 310 (2가닥)

러닝 S. 3822 (1가닥)

러닝 S. 321 (1가닥)

러닝 S. 3807 (1가닥)

새틴 S. 321 (2가닥)

백 S. 310 (2가닥)

새틴 S. 321 (2가닥)

새틴 S. 3822 (2가닥)

러닝 S. 730 (1가닥)

스트레이트 S. 310 (2가닥)

* 얼굴과 손은 모두 746을 이용해 수놓습니다.

새틴 S. 420 (2가닥)
새틴 S. BLANC (2가닥)
새틴 S. 730 (2가닥)
새틴 S. 310 (2가닥)
새틴 S. 420 (2가닥)

새틴 S. 3781 (2가닥)
새틴 S. 318 (2가닥)
새틴 S.223 (2가닥)

새틴 S. 746
프렌치 노트 S. 746 (2가닥, 두번감기)
새틴 S. 223 (2가닥)

프렌치 노트 S. 420 (2가닥, 두번감기)
새틴 S. 223 (2가닥)
새틴 S. 321 (2가닥)
새틴 S. 3781 (2가닥)
새틴 S. 3807 (2가닥)

새틴 S. 3822 (2가닥)
새틴 S. 3752 (2가닥)
새틴 S. 223 (2가닥)
새틴 S. 3807 (2가닥)

chapter. 03

트럼프 킹 캣 도안

* 트럼프 킹 캣 도안은 카우칭 스티치를 제외하고는 백 스티치와 스트레이트 스티치, 체인 스티치로 수놓은 도안입니다.
색은 도안선으로 지정했으니 원하는 스티치로 바꾸어 수놓아도 상관없습니다.

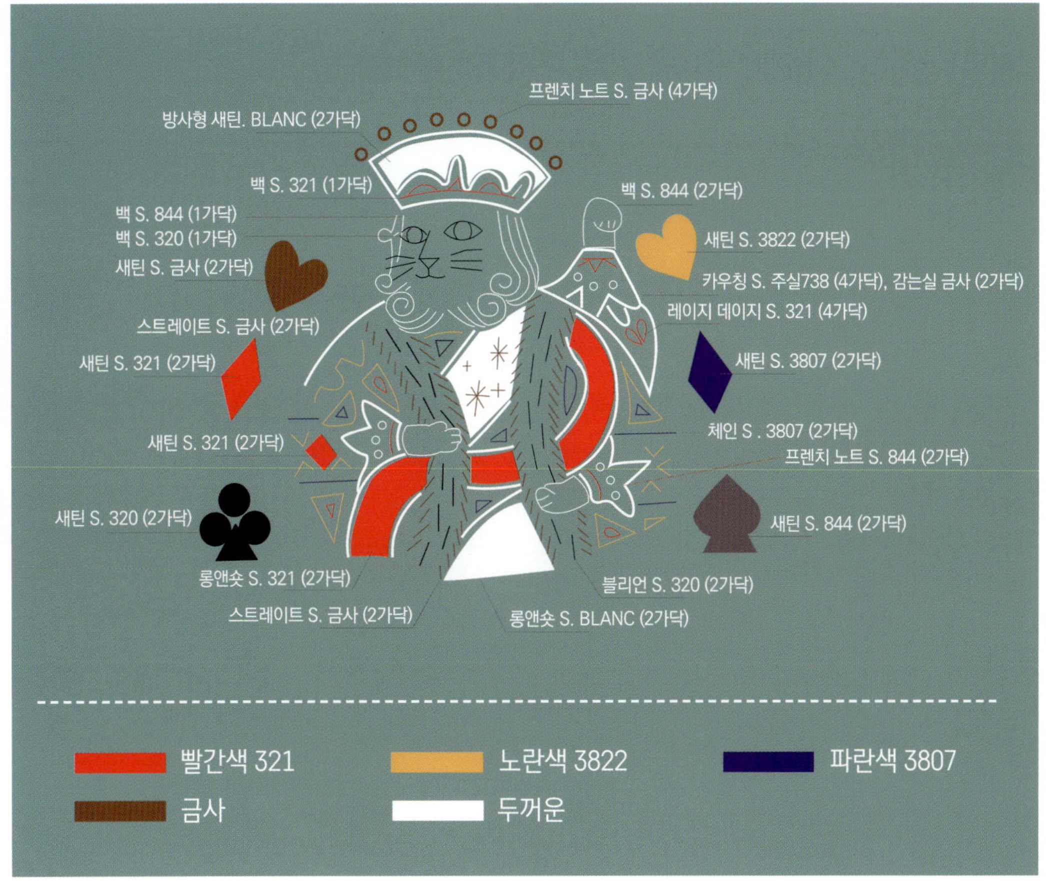

PART 03

생동감 있는 입체 고양이 자수

chapter. 01 - 입체 스티치를 이용한 작품 사진들

비밀의 화원

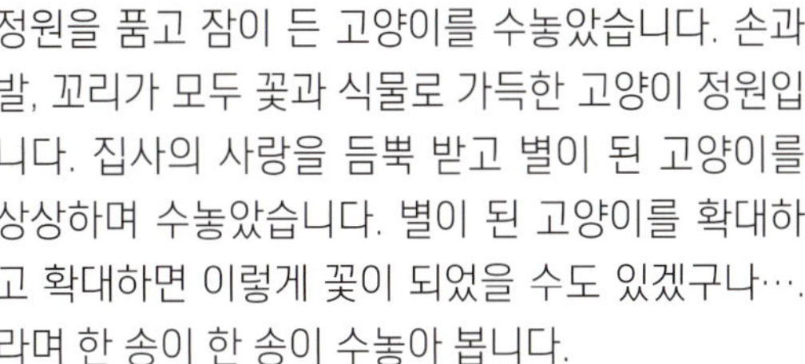

정원을 품고 잠이 든 고양이를 수놓았습니다. 손과 발, 꼬리가 모두 꽃과 식물로 가득한 고양이 정원입니다. 집사의 사랑을 듬뿍 받고 별이 된 고양이를 상상하며 수놓았습니다. 별이 된 고양이를 확대하고 확대하면 이렇게 꽃이 되었을 수도 있겠구나···. 라며 한 송이 한 송이 수놓아 봅니다.

chapter. 01 - 입체 스티치를 이용한 작품 사진들

초충도

신사임당의 초충도에 고양이를 출현시켜 보았습니다. 원래 있던 풍뎅이를 빼고 풀밭의 요정이 된 것처럼 작아진 고양이는 여유롭게 그루밍을 합니다. 다양한 고양이를 만나면서 모든 고양이가 깨끗하지만은 않다는 걸 알게 되었습니다. 그루밍을 잘하지 않는 고양이도 있다는 것이 얼마나 놀라웠는지 모릅니다. 사람처럼 고양이의 성격도 다양한 것 같습니다.

chapter. 01 - 입체 스티치를 이용한 작품 사진들

알폰스 무하 고양이

저희 집 고양이는 남자아이인데 하는 행동은 영락없는 공주님입니다. 깨끗한 성격에 음식도 야금야금, 천천히 먹습니다. 공주님 같은 고양이들을 상상해 봅니다. 도도하게 저를 바라보는 예쁜 아이들, 모두 공주님 같다는 생각을 해봅니다.

chapter. 02

입체 스티치와 작품 만들기

❶ 캐스트온 S.

캐스트온은 '바늘코를 만들다'는 뜻입니다. 코바늘을 뜨는 것과 거의 비슷한 방법입니다. 천을 뜨는 사이즈에 따라 직선형과 고리형으로 표현할 수 있는 스티치입니다.

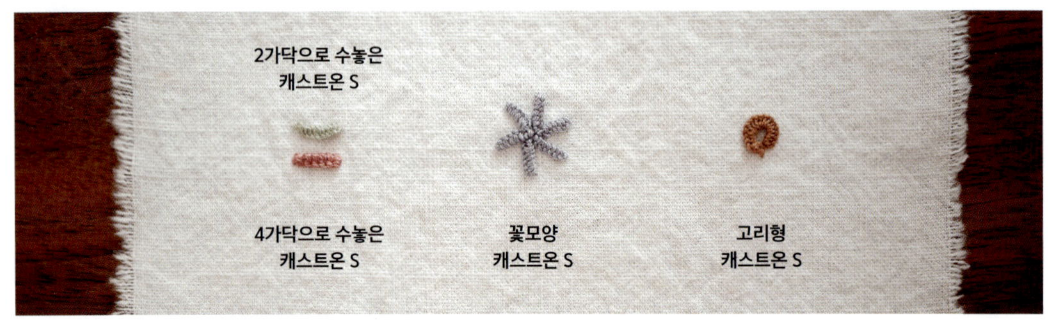

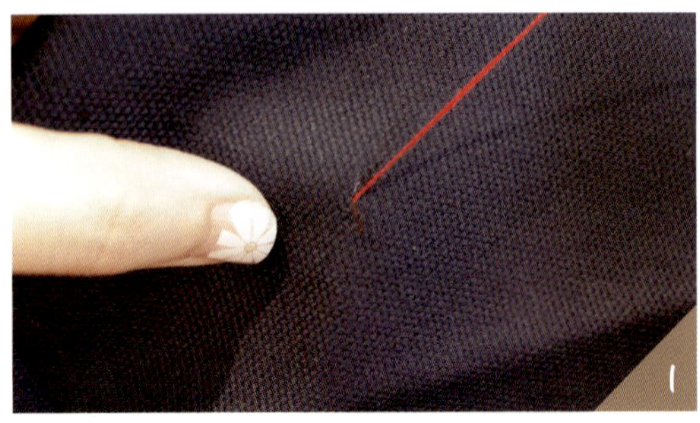

캐스트온 스티치를 하는 방법은 블리온 스티치와 비슷합니다. 직선 도안의 윗부분에서 바늘을 뺍니다.

직선도안 아래에서 위로 바늘을 뺍니다.

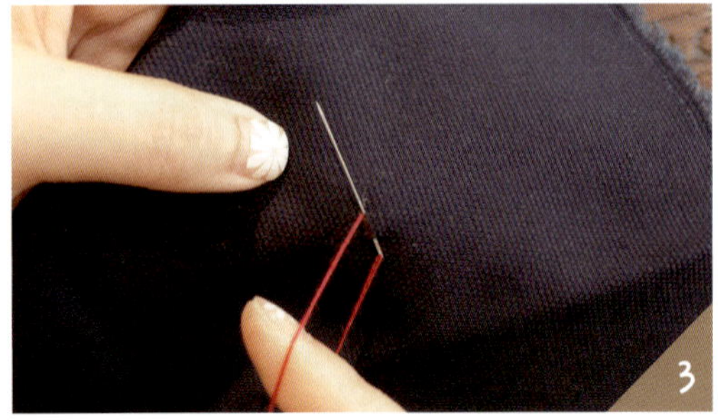

사진과 같이 오른손 검지로 실을 당깁니다.

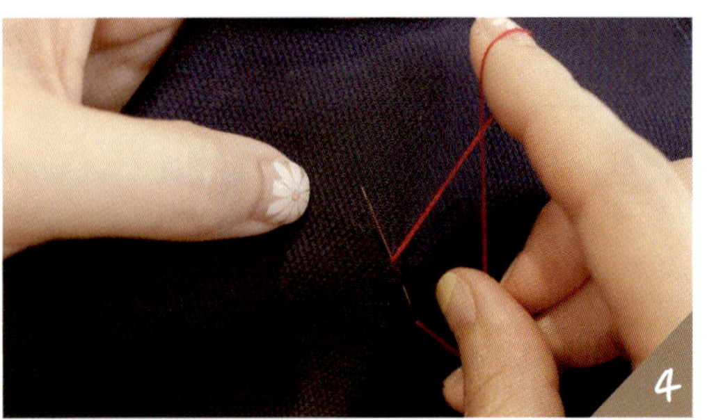

오른손 검지로 실을 들어 올렸다가 오른쪽 아래로 누르듯 돌리면 사진과 같은 모양이 됩니다.

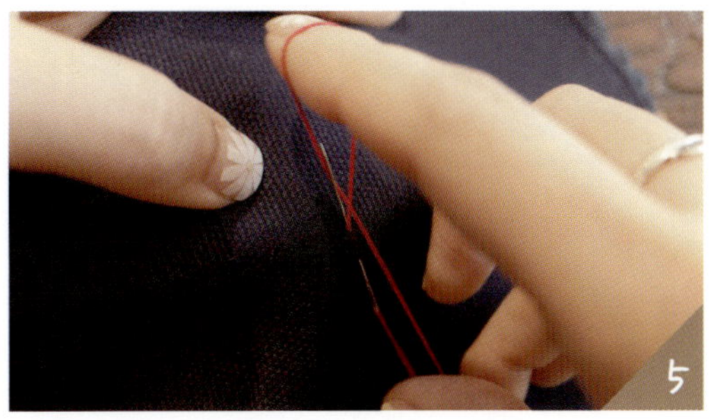

왼손 검지를 위로 올려서 왼쪽 실 안쪽으로 바늘을 넣습니다.

그대로 오른손 검지를 몸 쪽 6시 방향으로 당기면서 빼면 바늘에 실이 걸립니다.

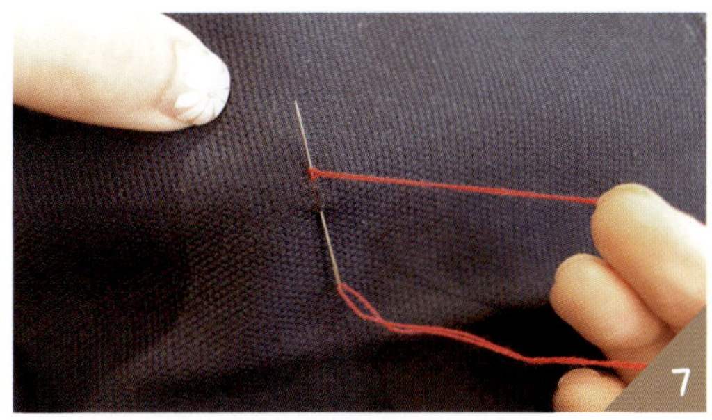

그대로 실을 몸쪽 3시 방향으로 당깁니다.

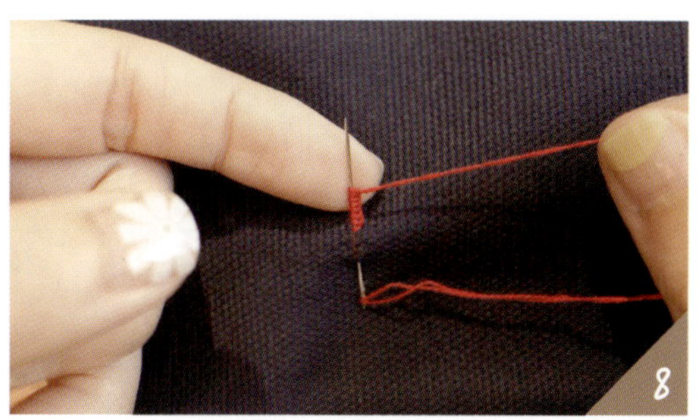

반복적으로 코를 만든 모습입니다.

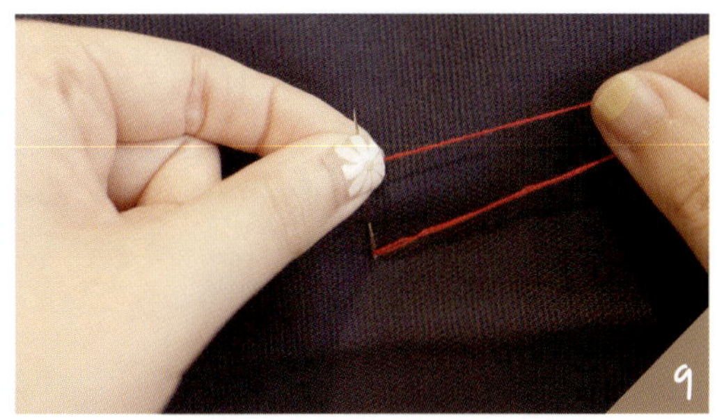

블리온 스티치와 같이 왼손 엄지와 검지를 이용해 윗부분을 잡습니다.

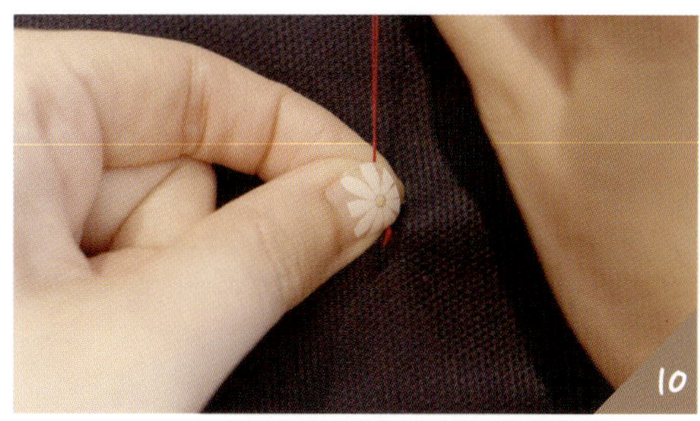

실이 더 이상 당겨지지 않을 때까지 실을 당깁니다.

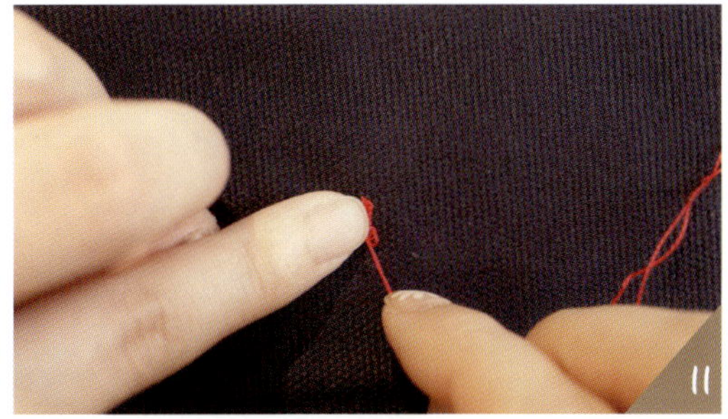

스티치를 몸 쪽 6시 방향으로 당긴 후 왼손 검지로 누릅니다.

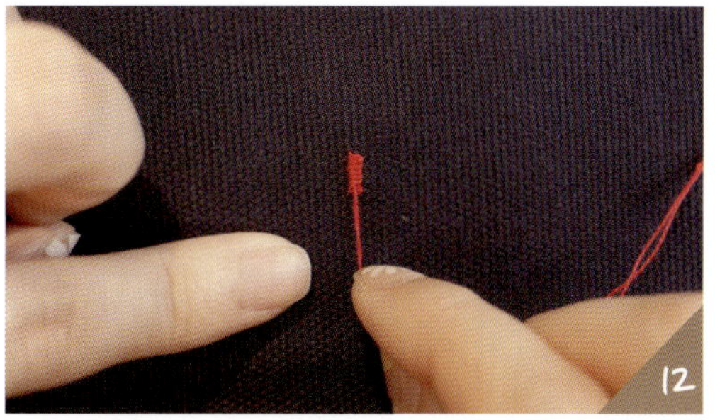

스티치와 가까운 부분을 잡아당긴 모습입니다.

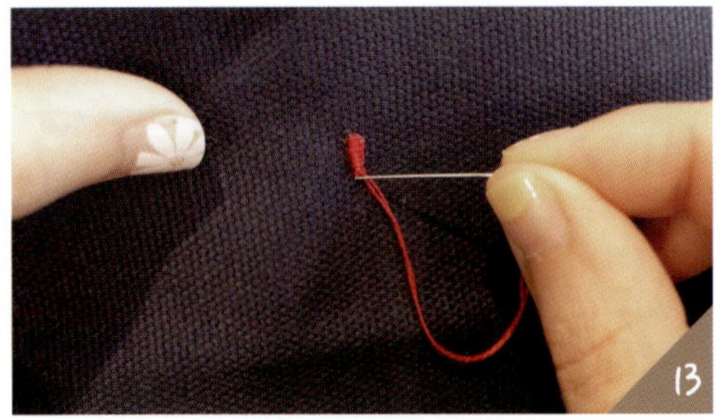

스티치 아랫부분에 바늘을 꽂습니다.

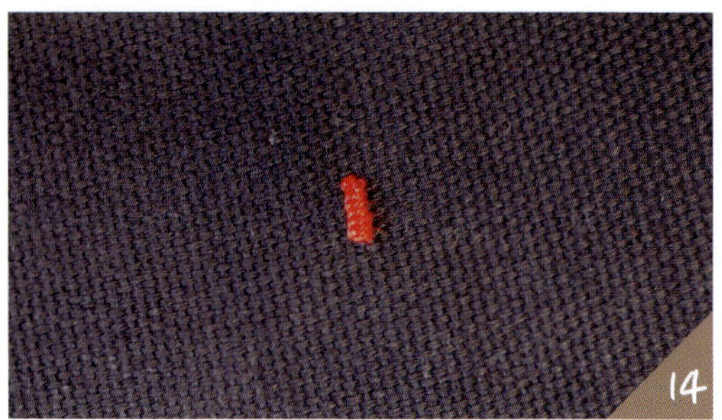

완성된 캐스트온 스티치의 모습입니다.

고리형 캐스트온 S.

기본 캐스트온 스티치 외에, 고리형 캐스트온으로 다시 한 번 알아봅시다.

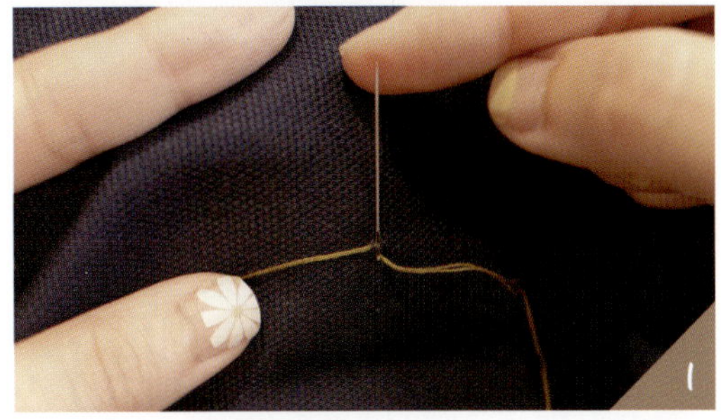

블리온 데이지를 하듯이 천을 조금 잡아 바늘을 끼웁니다.

오른손 검지를 이용해 실을 들어 올립니다.

실이 걸린 채로 왼쪽으로 반원을 그리듯 눌러주면 사진과 같이 됩니다.

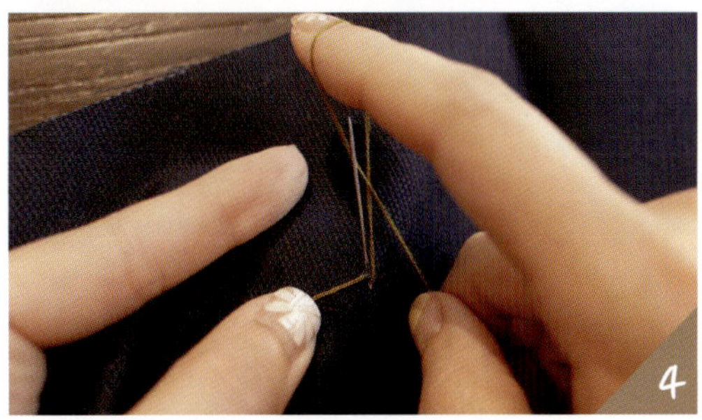

오른손 검지를 위로 올려 왼쪽 실에 바늘이 걸리도록 합니다.

그대로 손가락을 당기면 사진과 같이 바늘에 실이 걸립니다.

실을 당기는 과정 사진입니다.

끝까지 당긴 모습입니다.

반복해서 코를 만든 모습입니다. 고리형을 만들 예정이기 때문에 원하는 사이즈의 두 배로 코를 만듭니다.

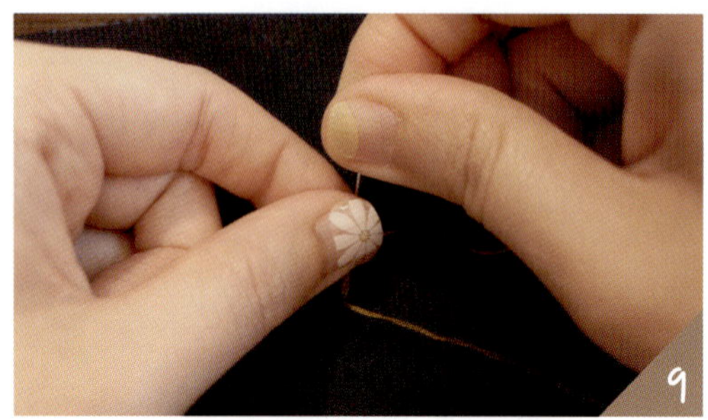

왼손 엄지 검지를 이용해 윗부분을 잡습니다.

그대로 바늘을 빼서 당깁니다.

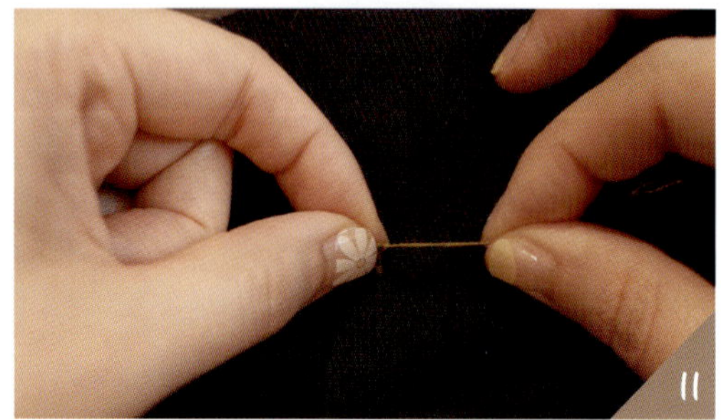

사진과 같이 실이 거의 빠질 때까지 당깁니다.

스티치의 반대편으로 바늘을 꽂습니다.

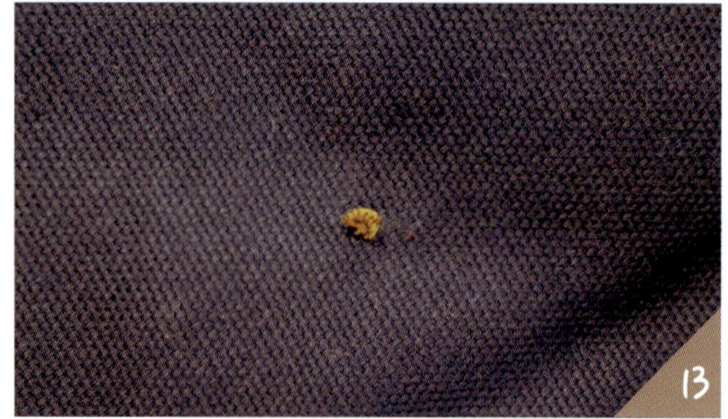

실을 모두 당겨 고리형 캐스트온 스티치가 서있는 모습입니다. 종종 고리형을 천에 붙이지 않고 그대로 마무리하기도 합니다.

블리온 데이지 스티치를 하듯 윗부분에서 바늘을 뺍니다.

고리의 접힌 부분에 바늘을 꽂은 모습입니다.

고리형 캐스트온 스티치를 천에 붙이고 바로 윗부분에 바늘을 꽂습니다.

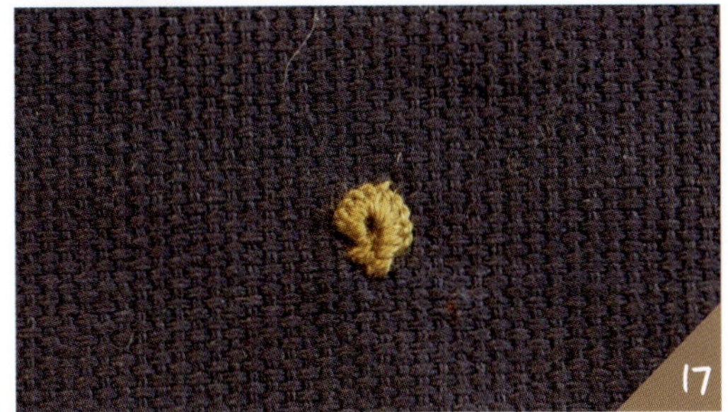

완성된 고리형 캐스트온 스티치의 모습입니다.

❷ 휠 S.

휠 스티치는 지지대 실을 감으면서 면을 만들어 주는 스티치입니다. 기둥실의 간격과 각도에 따라 다양하게 표현할 수 있는 스티치입니다. 면을 먼저 그린 후 지지대를 그려서 다양하게 표현해 봅니다.

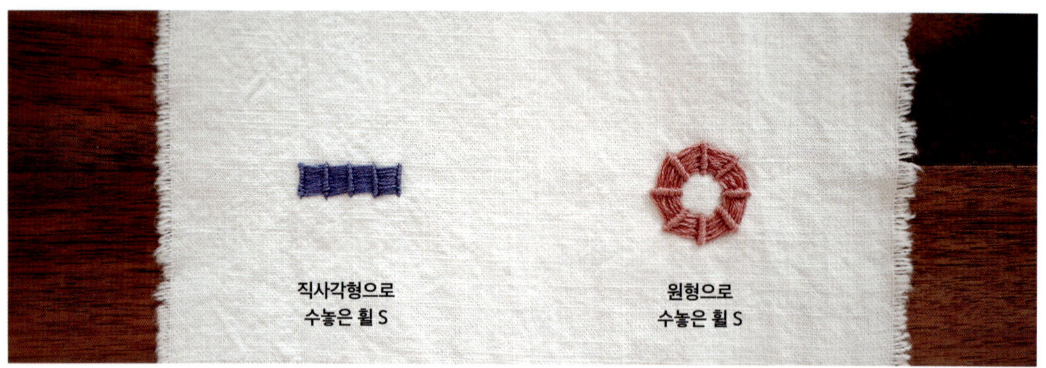

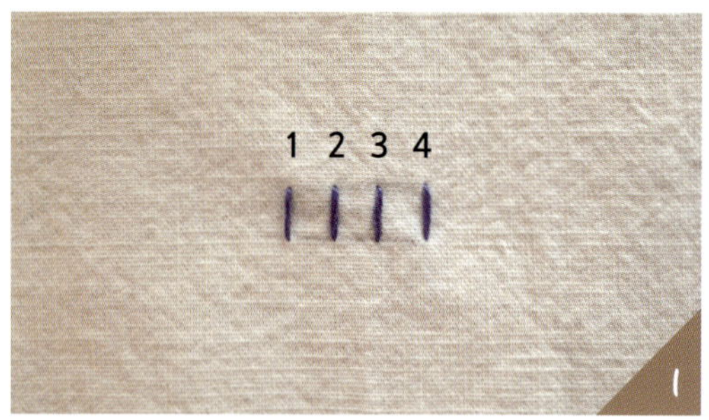

스트레이트 스티치를 하듯 세로로 지지대를 수놓습니다.

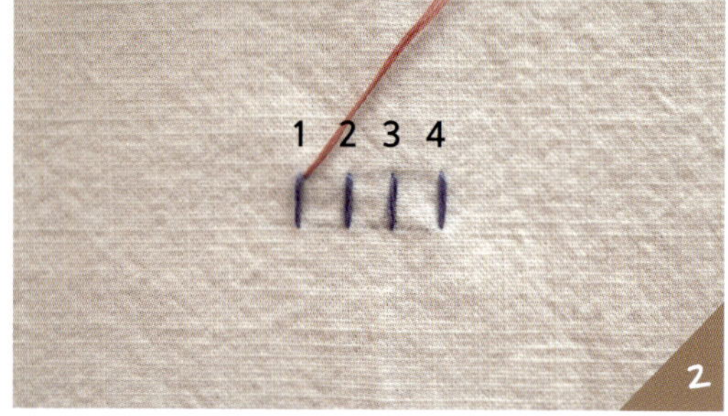

1번 지지대의 윗부분의 오른쪽으로 바늘을 뺍니다.

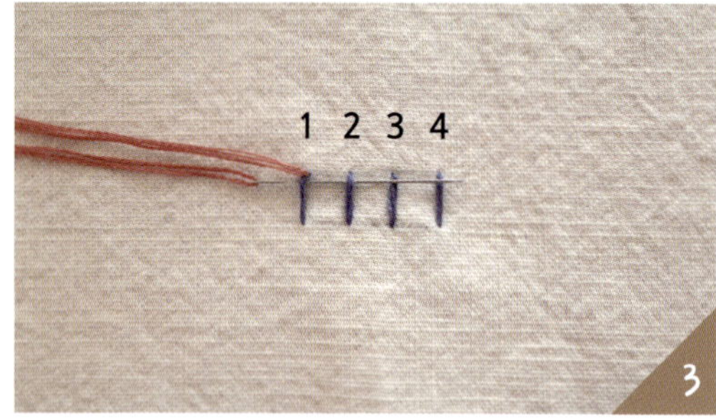

1번 지지대의 왼쪽에서 오른쪽으로 바늘을 넣어 2번까지 통과시킵니다.

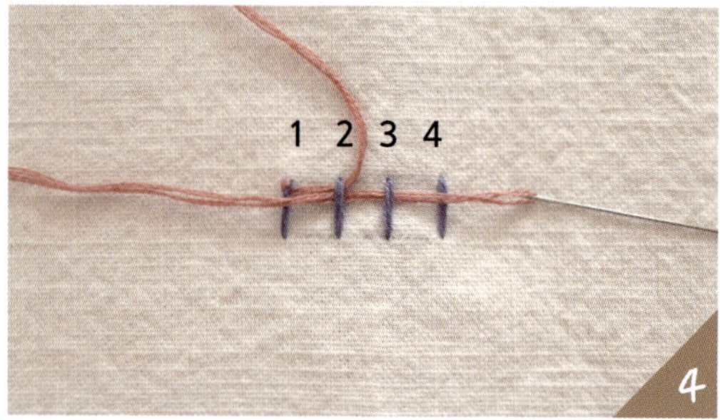

마찬가지로 2번 지지대의 왼쪽에서 오른쪽으로 바늘을 넣어 3번까지 통과시킵니다.

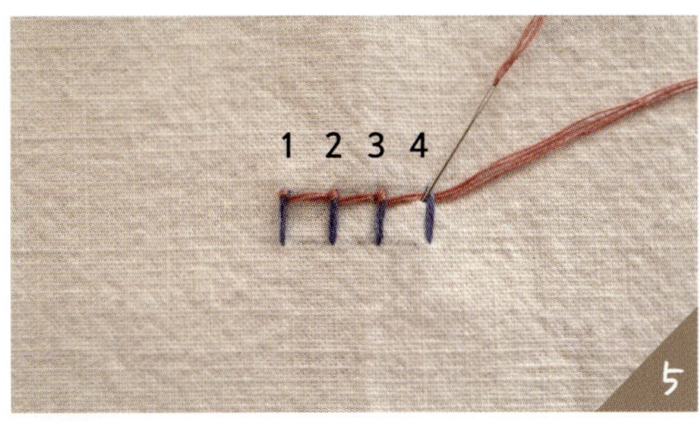

3번에서 4번도 마찬가지로 통과시킨 후 4번의 왼쪽 아래로 바늘을 꽂습니다.

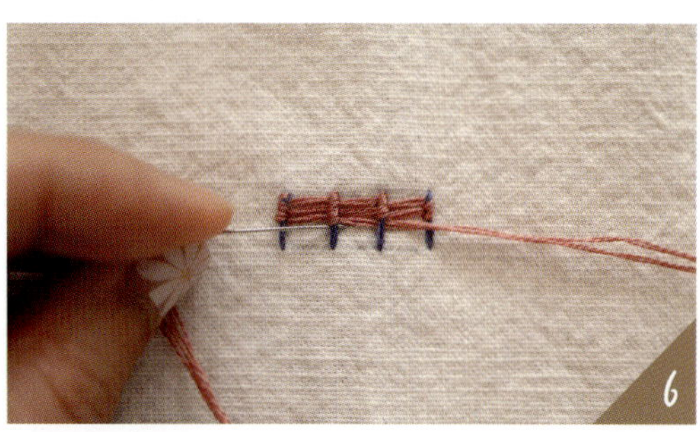

중간지점까지 (1)-(5)을 반복한 모습입니다.

마무리를 할 때도 (5)번처럼 마무리합니다.

완성된 휠 스티치의 모습입니다.

❸ 레이즈드 리프 S.

입체적인 꽃잎과 잎사귀를 표현 할 수 있는 입체 스티치입니다. 중앙에 시침핀(혹은 바늘)을 고정한 후에 직물을 짜듯이 실을 반복적으로 지나가게 하는 스티치로 '니들 위빙 스티치' 라고도 불립니다. 실색에 따라 꽃잎이나 잎사귀로 다양하게 표현이 가능합니다.

레이즈드 리프 스티치 3가닥

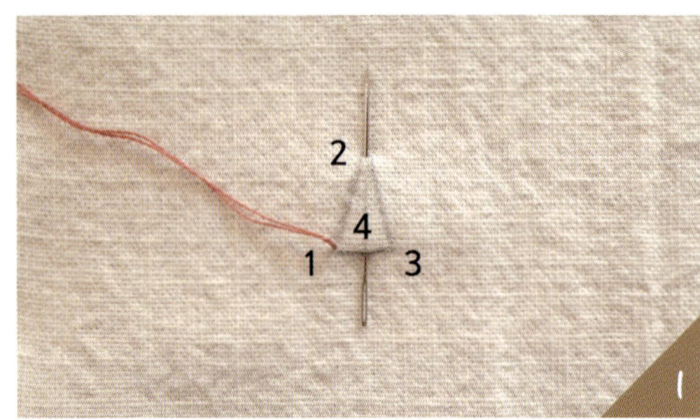

그림과 같이 원하는 사이즈로 도안을 그리고 1번에서 바늘을 뺍니다.

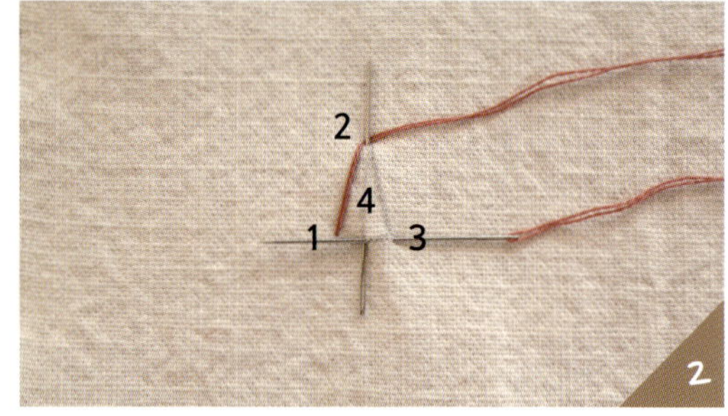

실을 오른쪽 바늘 뒤로 걸어주고 3번으로 바늘을 꽂아 4번으로 뺍니다.

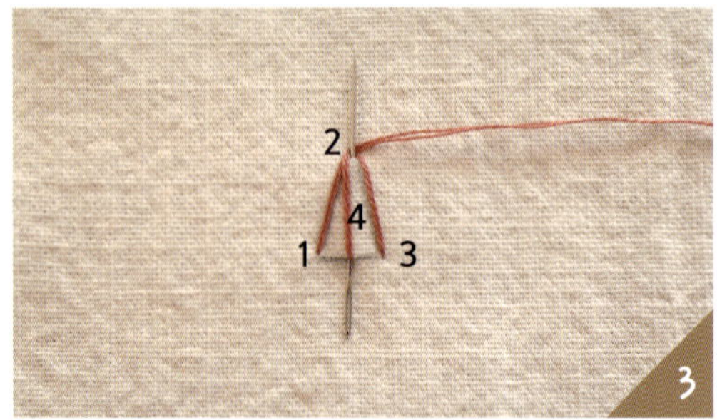

2번 자리로 (2)번과 동일하게 오른쪽 바늘 뒤로 걸어줍니다.

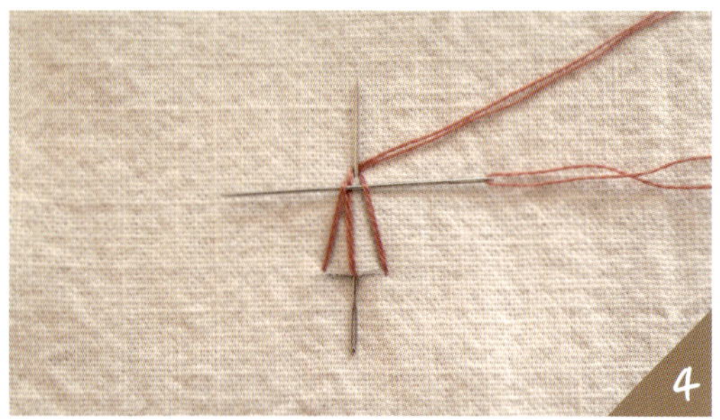

사진과 같이 오른쪽에서 왼쪽으로 아래-위-아래 순서대로 바늘을 통과시킵니다. 바늘을 수평으로 만들어 가장 위로 당긴 채 통과시킵니다.

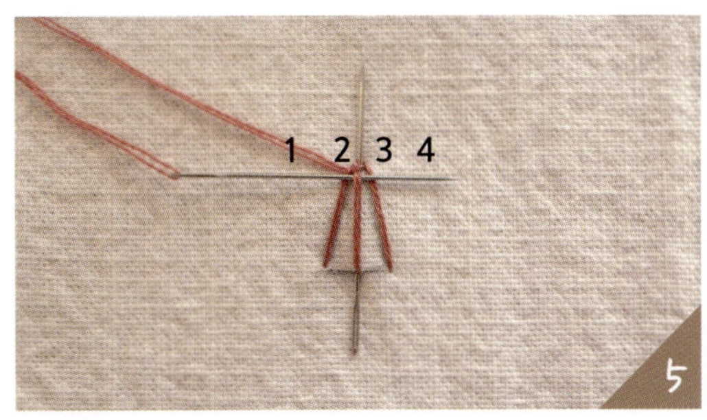

이번에는 왼쪽에서 오른쪽으로 아래-위-아래 순서대로 바늘을 통과시킵니다.

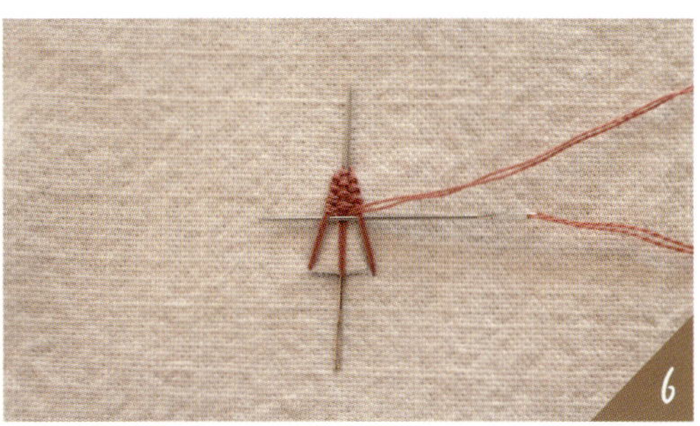

중간까지 반복한 모습입니다.

끝까지 반복한 후에는 중앙으로 바늘을 꽂아 마무리합니다.

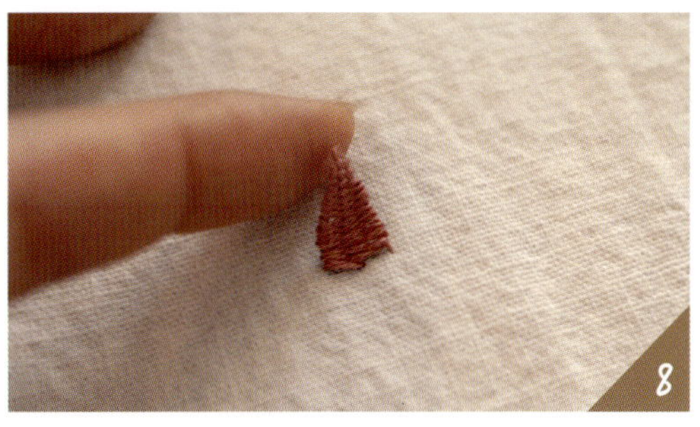

중간 고정바늘을 빼면 사진과 같이 입체스티치가 됩니다.

눕혀 놓은 레이즈드 리프 스티치의 모습입니다.

레이즈드 리프 S. 5가닥

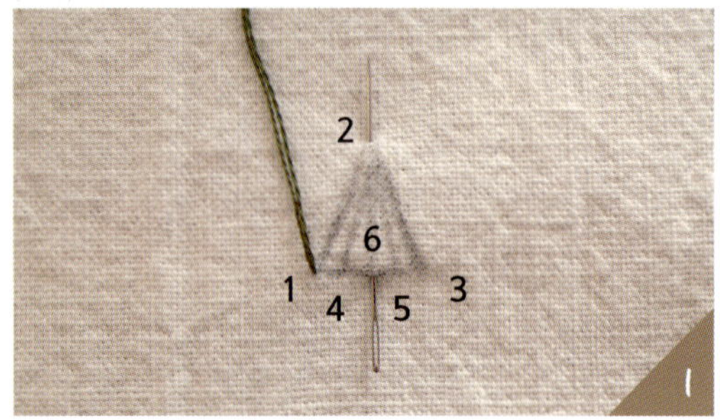

그림과 같이 도안을 그리고 1번에서 바늘을 뺍니다.

바늘 뒤로 걸고 3번에서 바늘을 꽂아 4번으로 뺍니다.

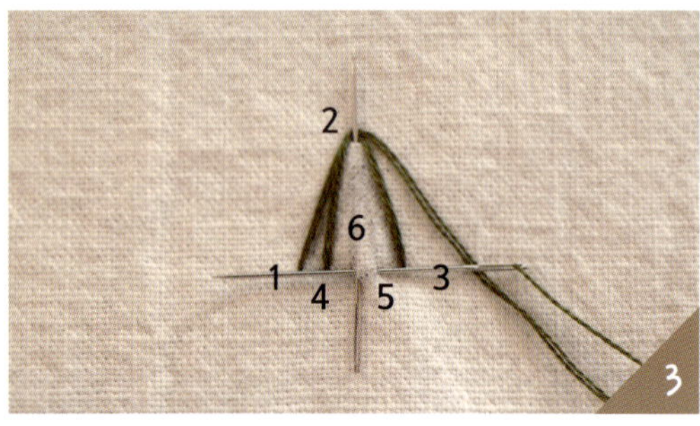

마찬가지로 바늘 뒤로 걸고 5번에서 바늘을 꽂아 6번에서 바늘을 뺍니다.

다시 오른쪽 바늘 뒤(2번)로 걸어줍니다.

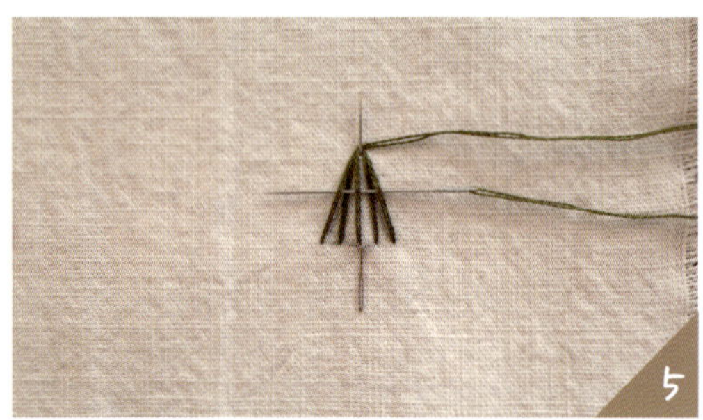

오른쪽에서 왼쪽으로 아래-위-아래-위-아래 순서대로 바늘을 통과시킵니다.

통과시킨 후 사진과 같이 위로 당겨 가장 위에 자리를 잘 잡도록 합니다.

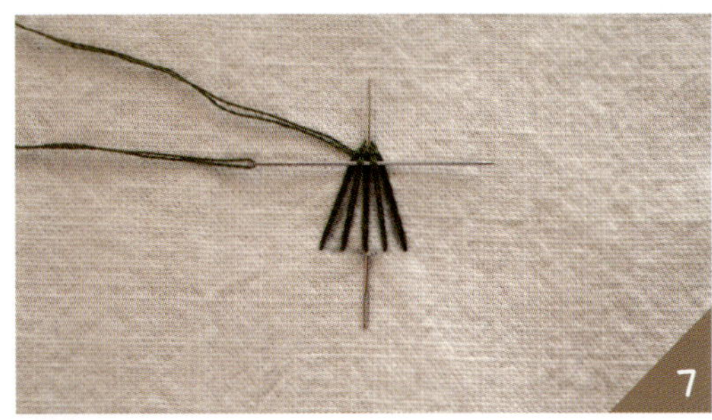

왼쪽에서 오른쪽으로 위-아래-위-아래-위 순서대로 바늘을 통과합니다.

통과할 때 사진처럼 손가락으로 바로 아래를 누르면서 통과하면 실이 자리를 잘 잡습니다.

3번 안쪽으로 바늘을 꽂아 마무리 합니다.

완성된 5가닥 레이즈드 리프 스티치의 모습입니다.

❹ 페탈 S. (A, B)

꽃잎이라는 뜻을 가지고 있는 페탈 스티치는 통통하고 동그랗게 꽃잎을 수놓는 스티치입니다. 두 가지 방법으로 알려드리니 원하는 모양의 꽃잎으로 활용해 봅니다.

페탈 S (A)

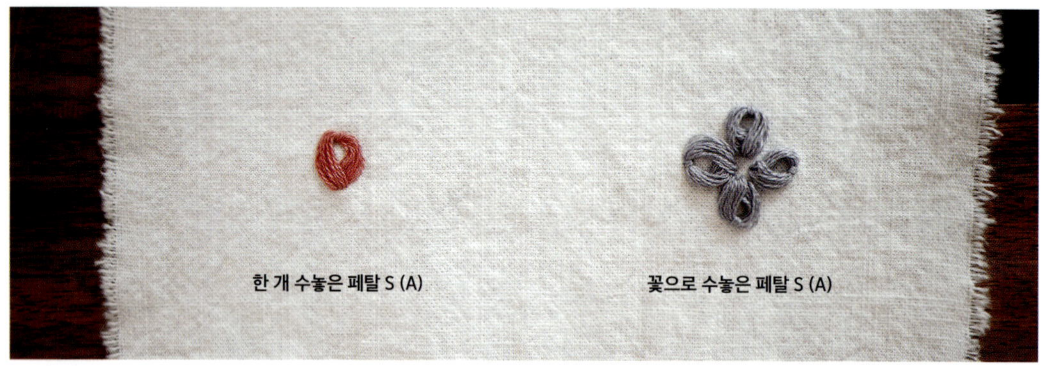

페탈 S (B)

페탈 S (A)

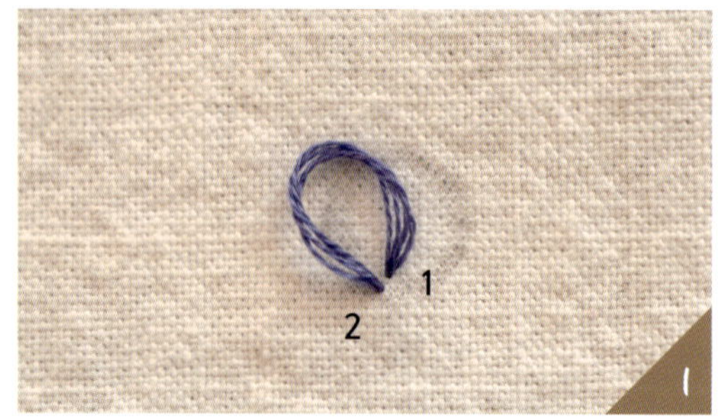

1번에서 바늘이 나와 2번으로 바늘이 들어갑니다. 원하는 꽃 모양의 사이즈대로 남겨두고 당깁니다.

(1)번처럼 3개 더 수놓습니다.

꽃모양의 상단에서 바늘을 뺍니다.

사진과 같이 왼쪽에서 오른쪽으로 바늘을 통과시킵니다.

끝까지 당겨주면 사진과 같이 됩니다.

레이지 데이지를 하듯 실 윗부분에 바늘을 꽂습니다.

끝까지 당겨주면 마무리가 됩니다.

페탈 S (B)

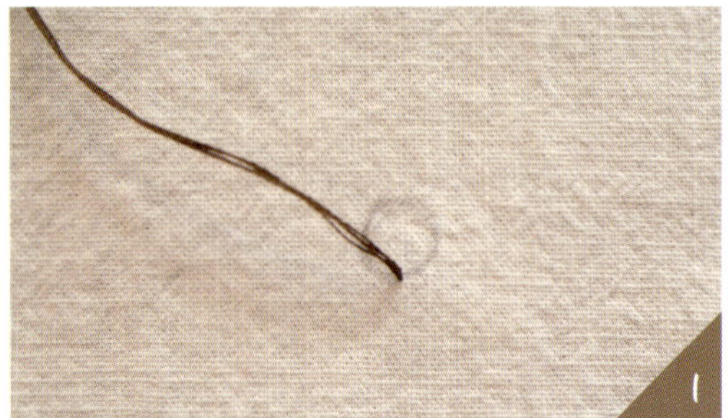

맨 아래에서 바늘을 뺍니다.

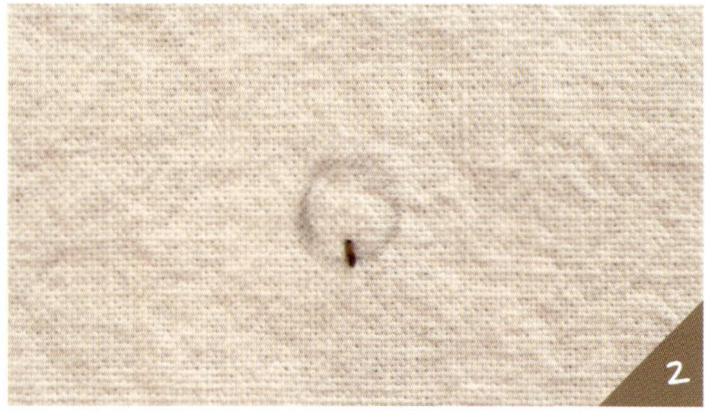

세로로 스트레이트 스티치를 하나 수놓습니다.

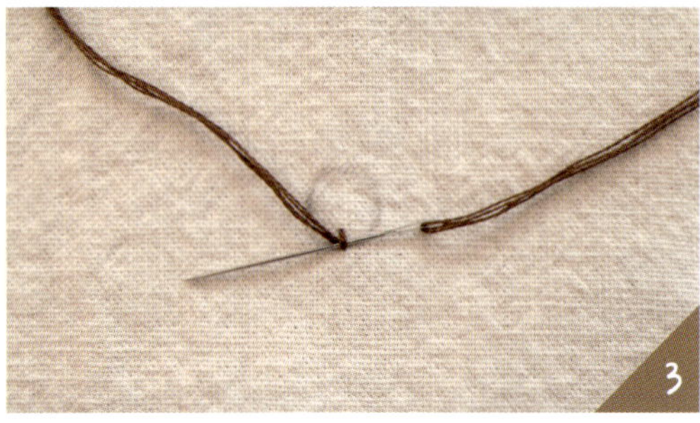

스트레이트 스티치에 동그라미를 만들 듯이 오른쪽에서 왼쪽으로 바늘을 넣습니다.

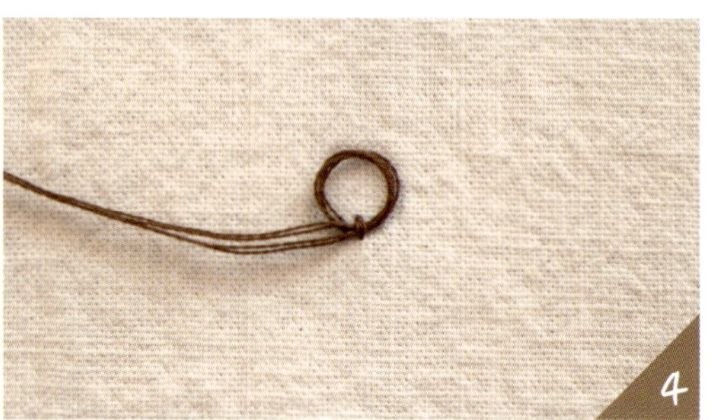

한 번 통과한 모습입니다.

3번 통과한 모습입니다.

바늘 끝을 수직으로 동그란 스티치 안쪽으로 넣고 왼쪽에 나와 있는 실을 바늘 위로 올립니다.

올린 실을 오른쪽에서 왼쪽으로 바늘 뒤로 돌려 감습니다.

감긴 모습입니다.

그 부분을 왼손 엄지와 검지로 잡습니다.

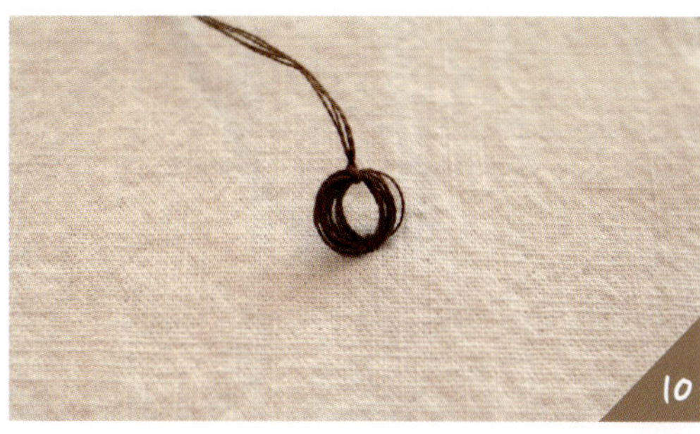

그대로 바늘을 12시 방향으로 당기면 사진과 같이 됩니다.

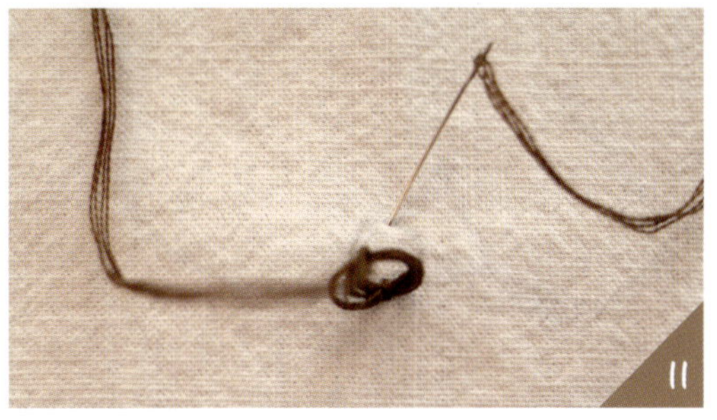

상단에 바늘을 꽂습니다.

그대로 바늘을 통과하면 사진과 같이 마무리가 됩니다.

⑤ 팔레스트리나 S.

팔레스트리나는 잉글리쉬 노트로 불리는 스티치로, 캘리그라피 라인이나 테두리를 표현했던 고전적인 스티치입니다. 땀의 간격과 실 개수에 따라서 다양하게 표현할 수 있습니다.

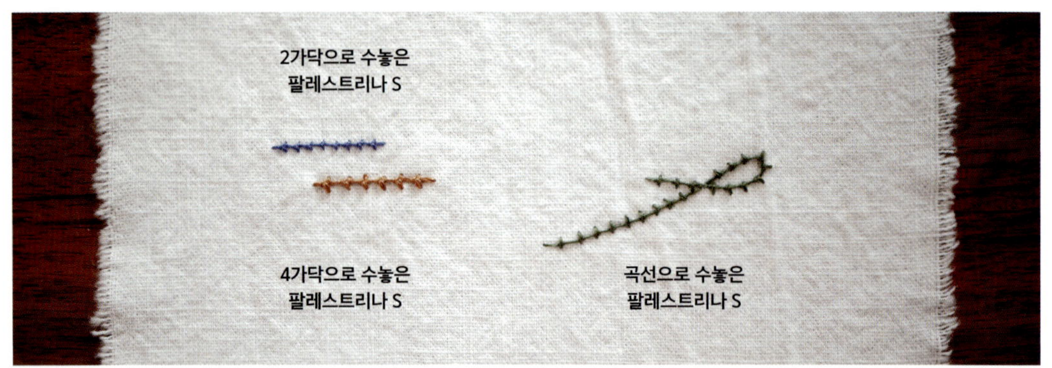

직선 도안의 상단에서 바늘을 빼 원하는 사이즈로 아랫부분에 3mm정도 천을 바늘로 뜹니다.

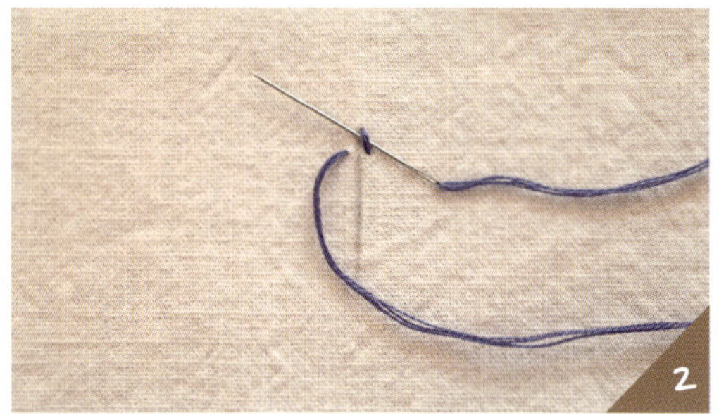

바늘을 끝까지 당긴 후 오른쪽에 생긴 스트레이트 스티치 밑으로 오른쪽에서 왼쪽으로 바늘을 통과시킵니다. 사진과 같이 각도를 유지합니다.

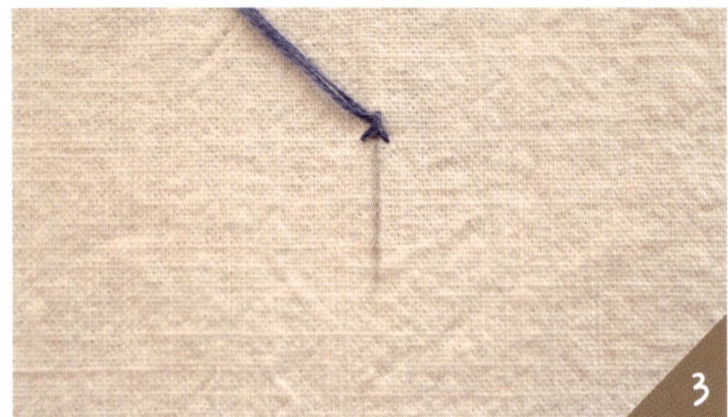

끝까지 통과시킨 모습입니다.

ㅅ모양의 오른쪽에서 아래 방향으로 다시 바늘을 넣습니다.

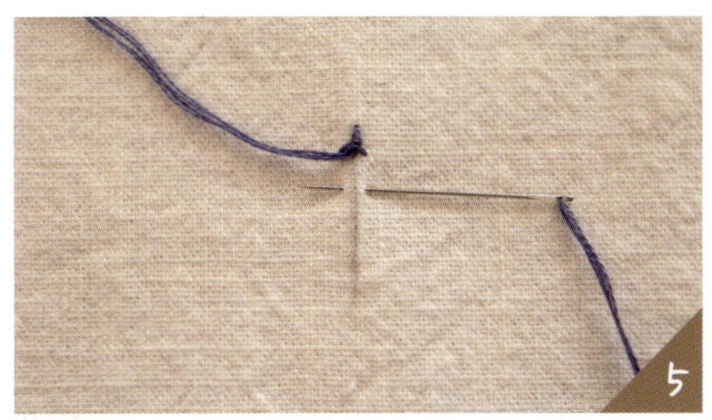

마찬가지로 아랫부분에 다시 3mm 정도 천을 뜹니다.

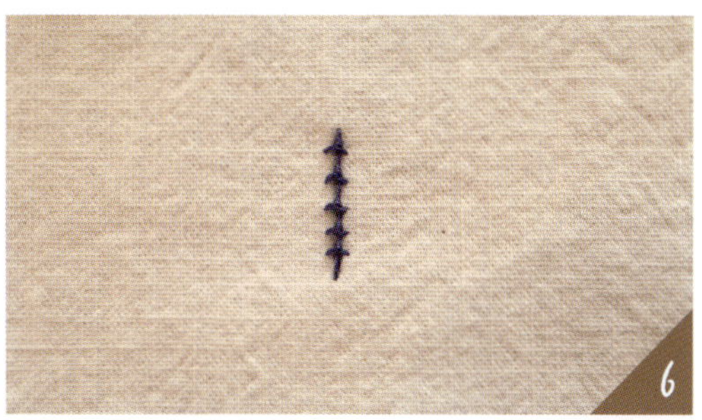

반복해서 팔레스트리나 스티치를 수놓은 모습입니다.

❻ 레이즈드 클로즈 헤링본 S.

주로 잎사귀를 볼륨있게 표현하는 스티치입니다. 간격을 촘촘히 하거나 띄엄띄엄 수놓는 것으로 다양하게 표현할 수 있습니다.

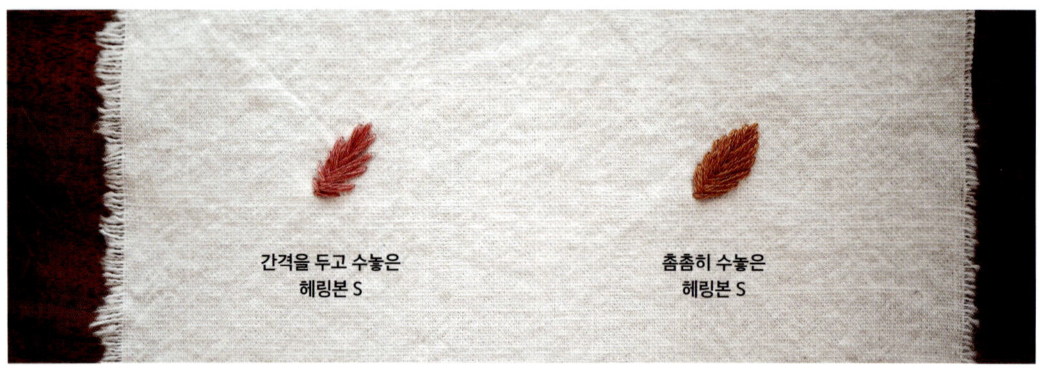

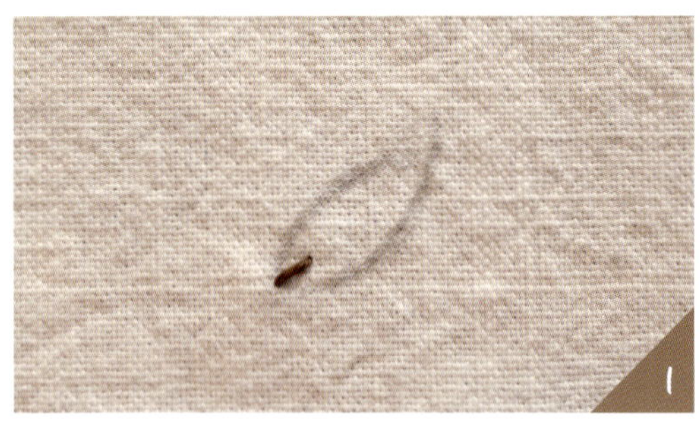

잎사귀의 아랫부분에 사진과 같이 스트레이트 스티치를 한 개 수놓습니다. 잎사귀의 각도에 맞게 수놓습니다.

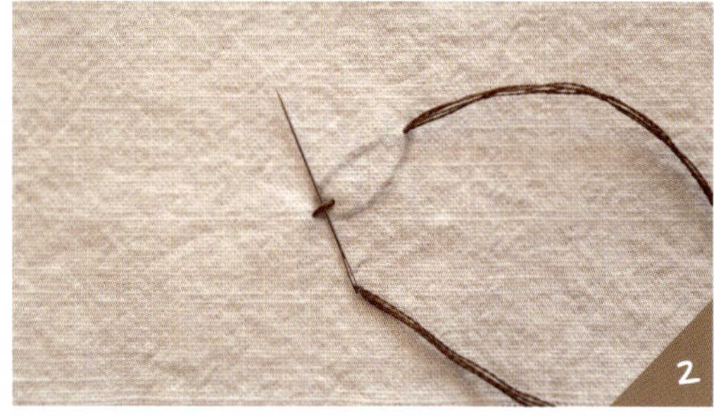

잎사귀 상단 뾰족한 부분에서 바늘이 나와 사진과 같이 아래에서 위로 스트레이트 스티치 아래로 통과합니다.

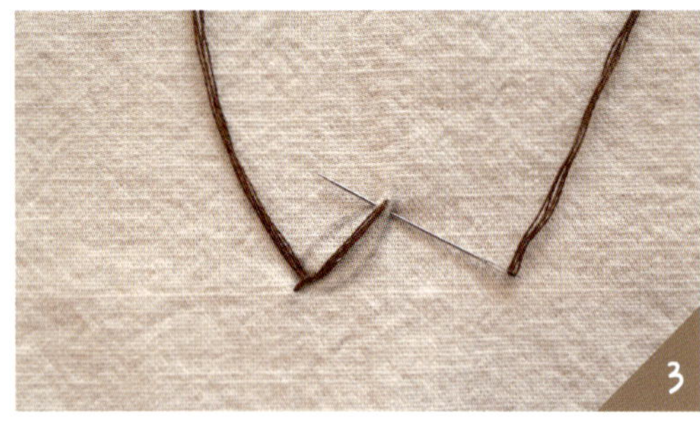

바늘을 끝까지 당기고, 사진과 같이 상단 도안에 맞춰 천을 떠줍니다.

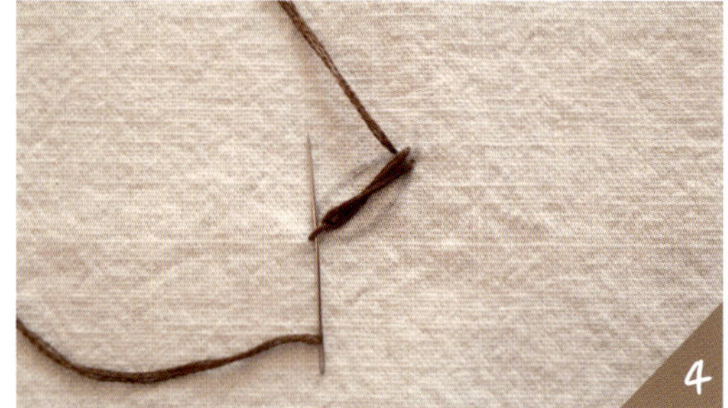

2)번과 마찬가지로 스트레이트 스티치를 아래에서 위로 통과합니다.

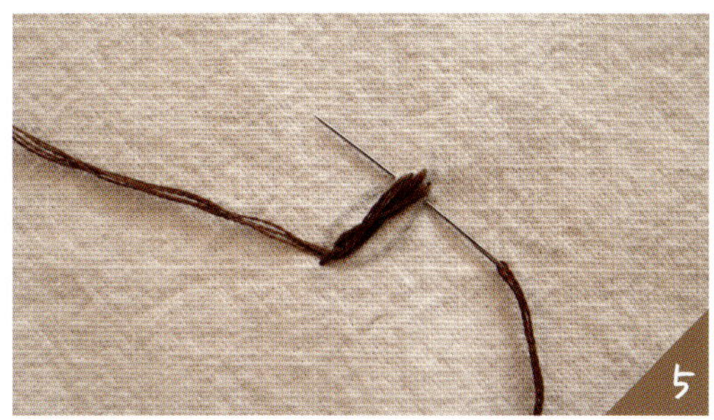

(3)번과 마찬가지로 도안에 맞게 천을 뜹니다.

반복적으로 수놓은 후 마무리는 사진과 같이 오른쪽 하단에 바늘을 꽂아줍니다.

완성된 클로즈 헤링본 스티치입니다.

❼ 레이즈드 리프 버튼홀 S.

마치 레이스를 수놓듯 입체적으로 수놓을 수 있는 스티치입니다. 버튼홀 스티치를 이용해 코바늘을 하듯 실을 엮어 입체적으로 표현하는 스티치입니다.

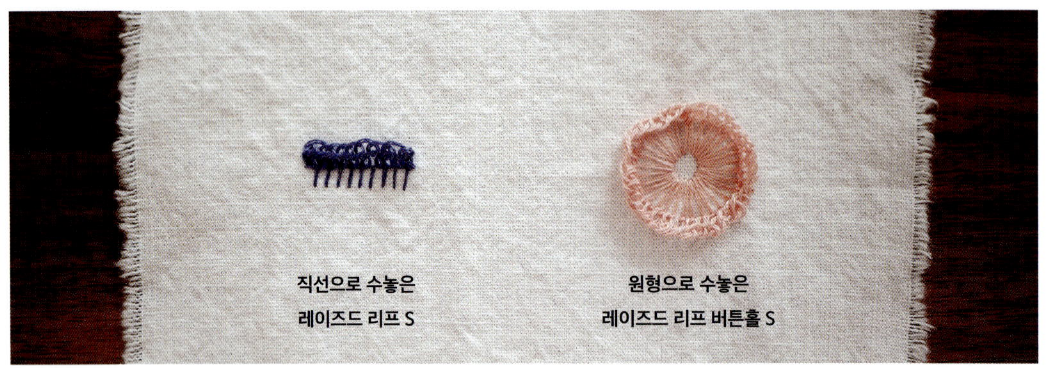

원형으로 버튼홀 스티치를 수놓습니다.

원하는 곳에서 버튼홀 스티치 바깥으로 바늘을 뺍니다.

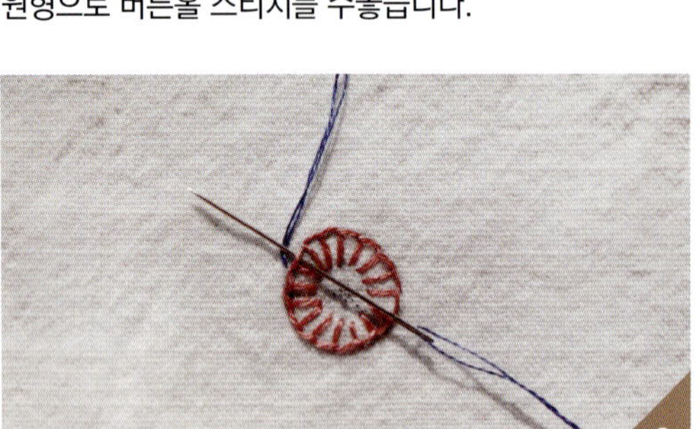

버튼홀 스티치를 하듯 실을 뒤에 두고 먼저 해놓은 버튼홀 스티치 한 땀 아래에 바늘을 통과해 위 쪽의 실 위로 뽑습니다.

모두 통과시킨 모습입니다.

버튼홀 한 땀에 하나씩 실을 통과합니다.

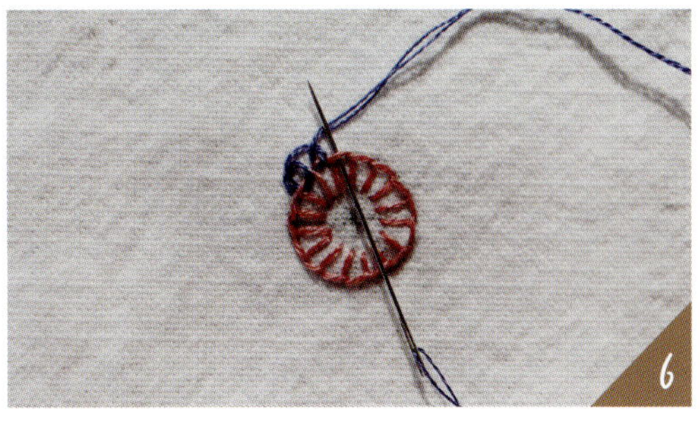

다음 땀을 통과한 사진입니다.

모든 버튼홀 땀을 통과한 모습입니다.

두 번째 층을 수놓을 때는 연결해 아래 버튼홀 스티치에 바늘을 넣고, 마찬가지로 실을 뒤에 두고 통과합니다.

일층 버튼홀 한 땀에 하나씩 수놓습니다.

반복해서 수놓은 모습입니다.

마무리 할 때는 마지막 버튼홀 스티치의 바로 아래에 바늘을 넣습니다.

마무리된 레이지드 버튼홀 스티치를 손가락으로 만져 원하는 모양을 만듭니다.

101마리의 고양이 도안

고양이 자세 구경하기

＊약 30마리의 다양한 고양이의 도안을 준비했습니다.
[돼냥이 3마리] 도안과 같이 라인만 따라 하셔도 되고 체인 스티치, 새틴 스티치, 롱앤숏 스티치를 이용해 면을 채워도 됩니다. 반려묘의 무늬를 도안 안에 채워 넣어도 좋을 것 같습니다. 완벽하게 자수를 할 필요는 없습니다. 라인을 먼저 수놓고 손가는 대로 무늬를 채워 넣는 재미도 쏠쏠합니다.

트레이싱지로 도안을 따라 그리는 법 (먹지 사용 30P 참고)

카피할 도안을 준비합니다.

카피할 도안 위에 트레이싱지를 올립니다.

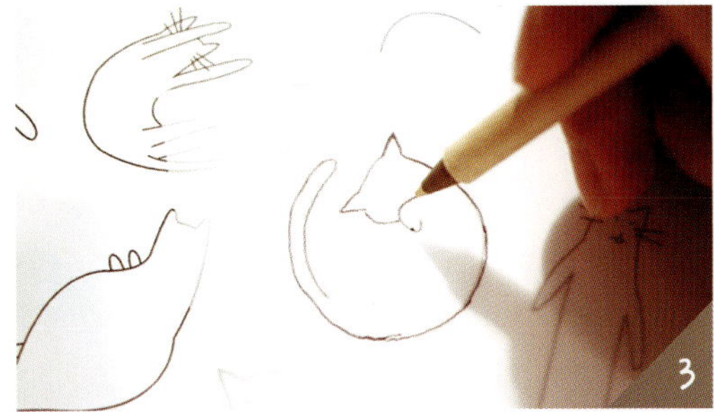

볼펜으로 트레이싱지에 도안을 따라 그립니다.

트레이싱지에 도안이 카피되었습니다.

chapter. 03

비밀의 화원 도안

* 비밀의 화원 도안도 손 가는대로 수놓다보니 복잡해 졌습니다. 도안과 꼭 똑같이 수놓아야겠다고 생각지 마시고 큰 꽃들 주변으로 원하는 꽃을 바꾸어서 수놓아 보시는 것도 좋겠습니다.

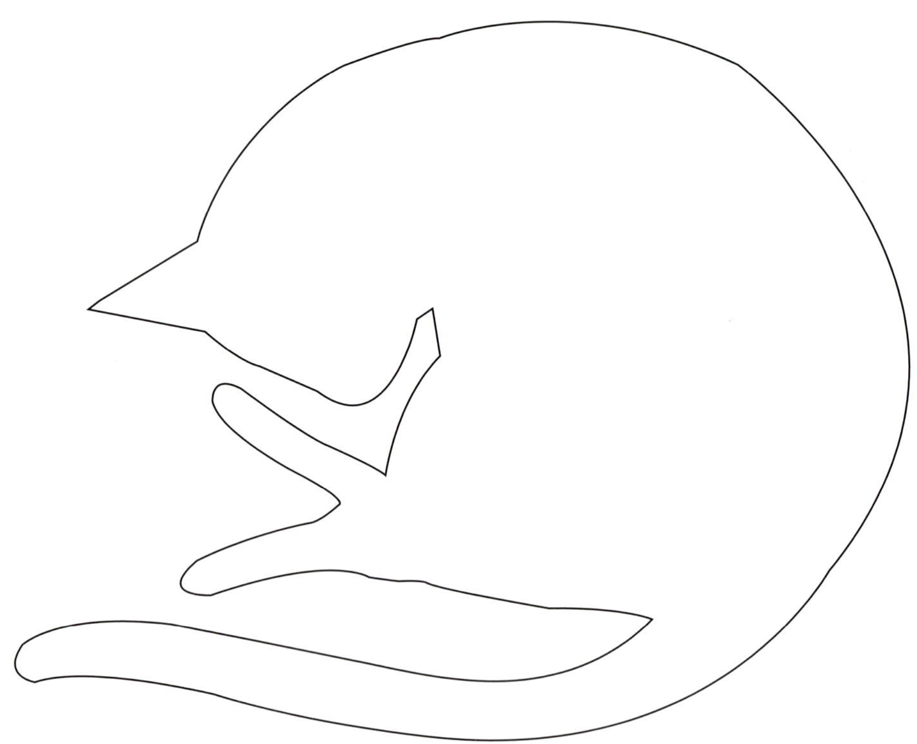

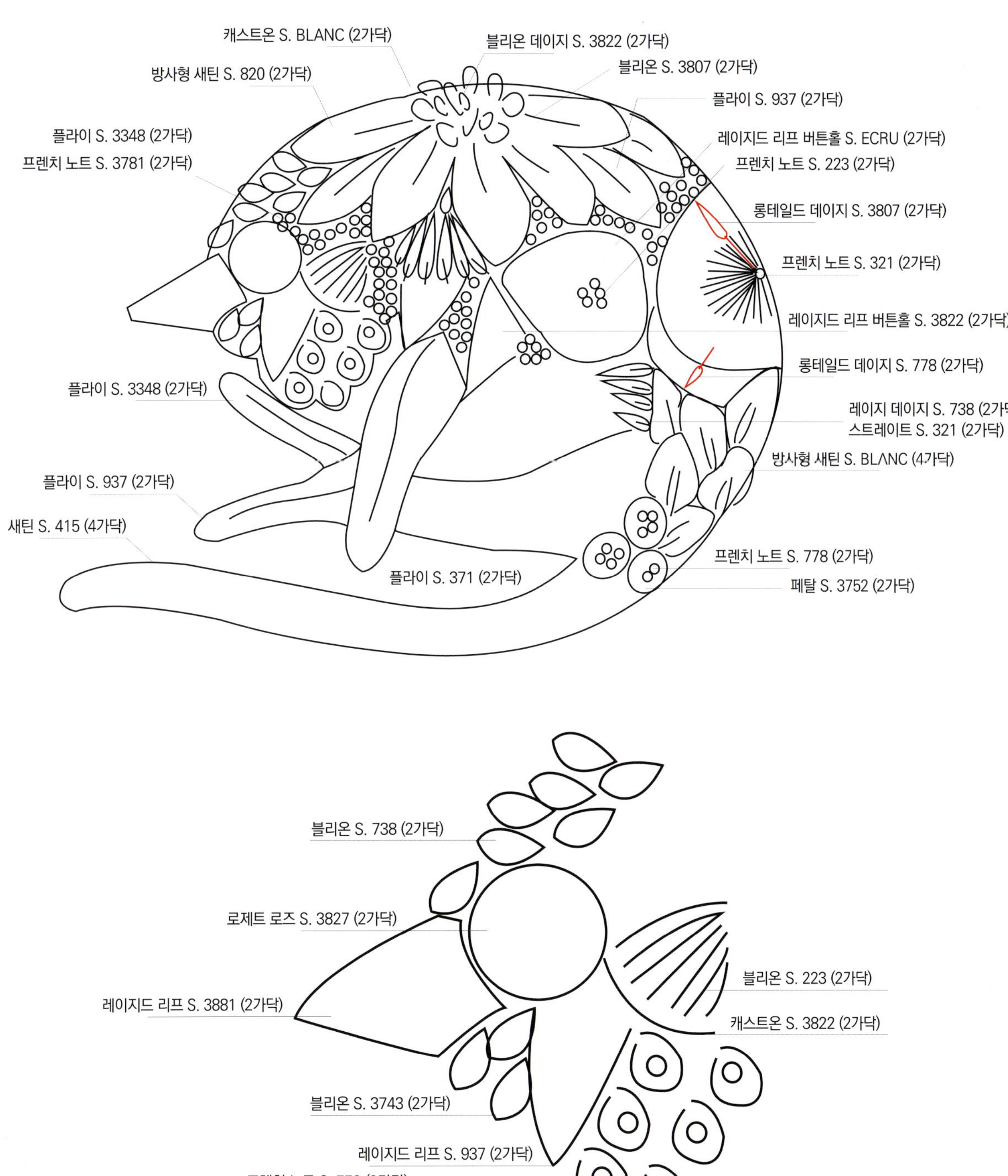
캐스트온 S. BLANC (2가닥)
블리온 데이지 S. 3822 (2가닥)
방사형 새틴 S. 820 (2가닥)
블리온 S. 3807 (2가닥)
플라이 S. 937 (2가닥)
플라이 S. 3348 (2가닥)
레이지드 리프 버튼홀 S. ECRU (2가닥)
프렌치 노트 S. 3781 (2가닥)
프렌치 노트 S. 223 (2가닥)
롱테일드 데이지 S. 3807 (2가닥)
프렌치 노트 S. 321 (2가닥)
레이지드 리프 버튼홀 S. 3822 (2가닥)
롱테일드 데이지 S. 778 (2가닥)
플라이 S. 3348 (2가닥)
레이지 데이지 S. 738 (2가닥) +
스트레이트 S. 321 (2가닥)
방사형 새틴 S. BLANC (4가닥)
플라이 S. 937 (2가닥)
새틴 S. 415 (4가닥)
프렌치 노트 S. 778 (2가닥)
플라이 S. 371 (2가닥)
페탈 S. 3752 (2가닥)
블리온 S. 738 (2가닥)
로제트 로즈 S. 3827 (2가닥)
블리온 S. 223 (2가닥)
레이지드 리프 S. 3881 (2가닥)
캐스트온 S. 3822 (2가닥)
블리온 S. 3743 (2가닥)
레이지드 리프 S. 937 (2가닥)
프렌치 노트 S. 778 (2가닥)
캐스트온 S. ECRU (2가닥)

chapter. 03

초충도 도안

*스트레이트 스티치를 손 가는대로 수놓은 부분이 많은 도안입니다. 똑같이 수를 놓는 것은 중요한 것이 아니니 느낌을 따라한다고 생각하고 수놓으면 좋을 것 같습니다.

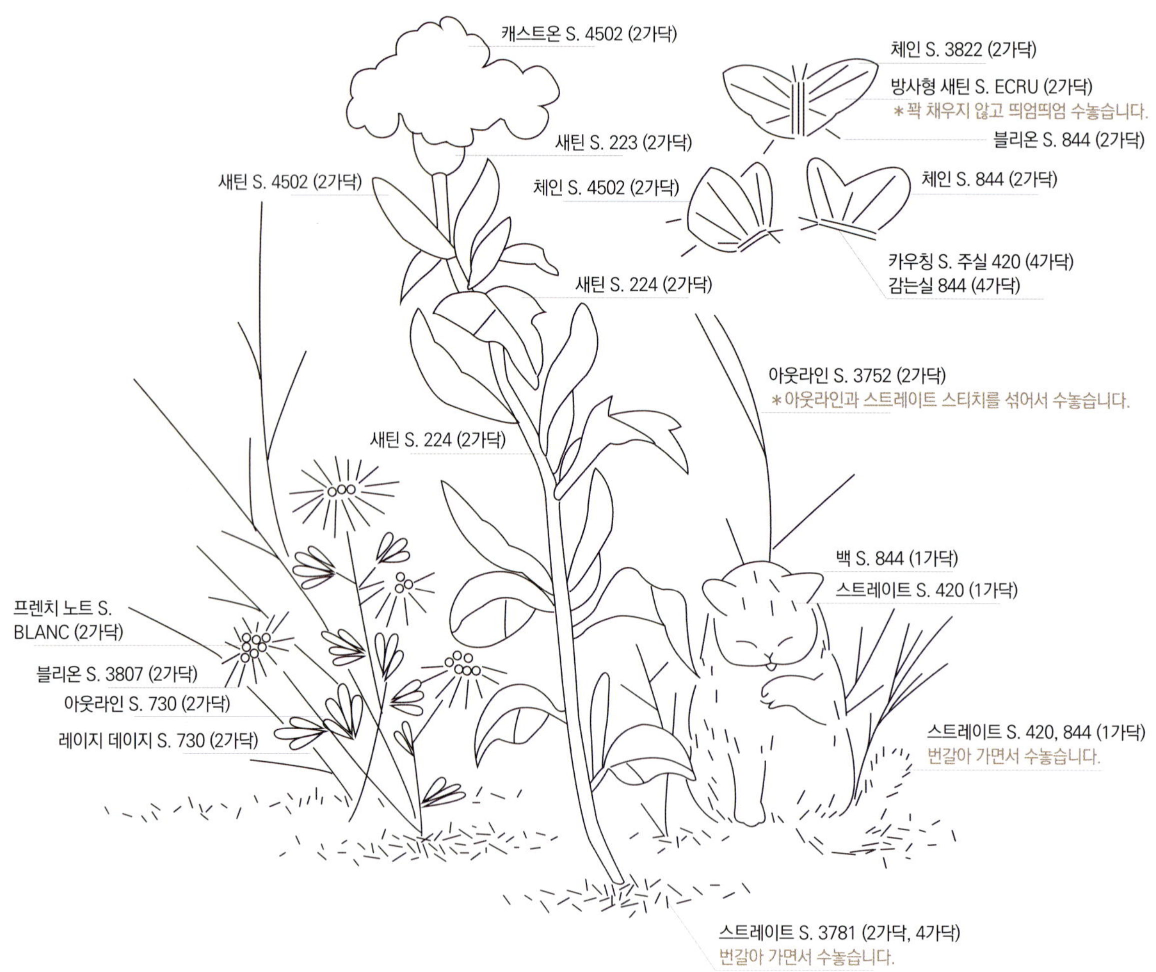

chapter. 03 

알폰스 무하 고양이 도안

*본 도안은 반복적인 패턴이 많이 들어간 도안입니다. 헷갈리는 것을 최소화하기 위해 도안선에 색을 넣었으니 참고하세요.

*고양이 옷의 맨 아래에 있는 반구는 지지대를 6개를 만들어 수놓습니다.

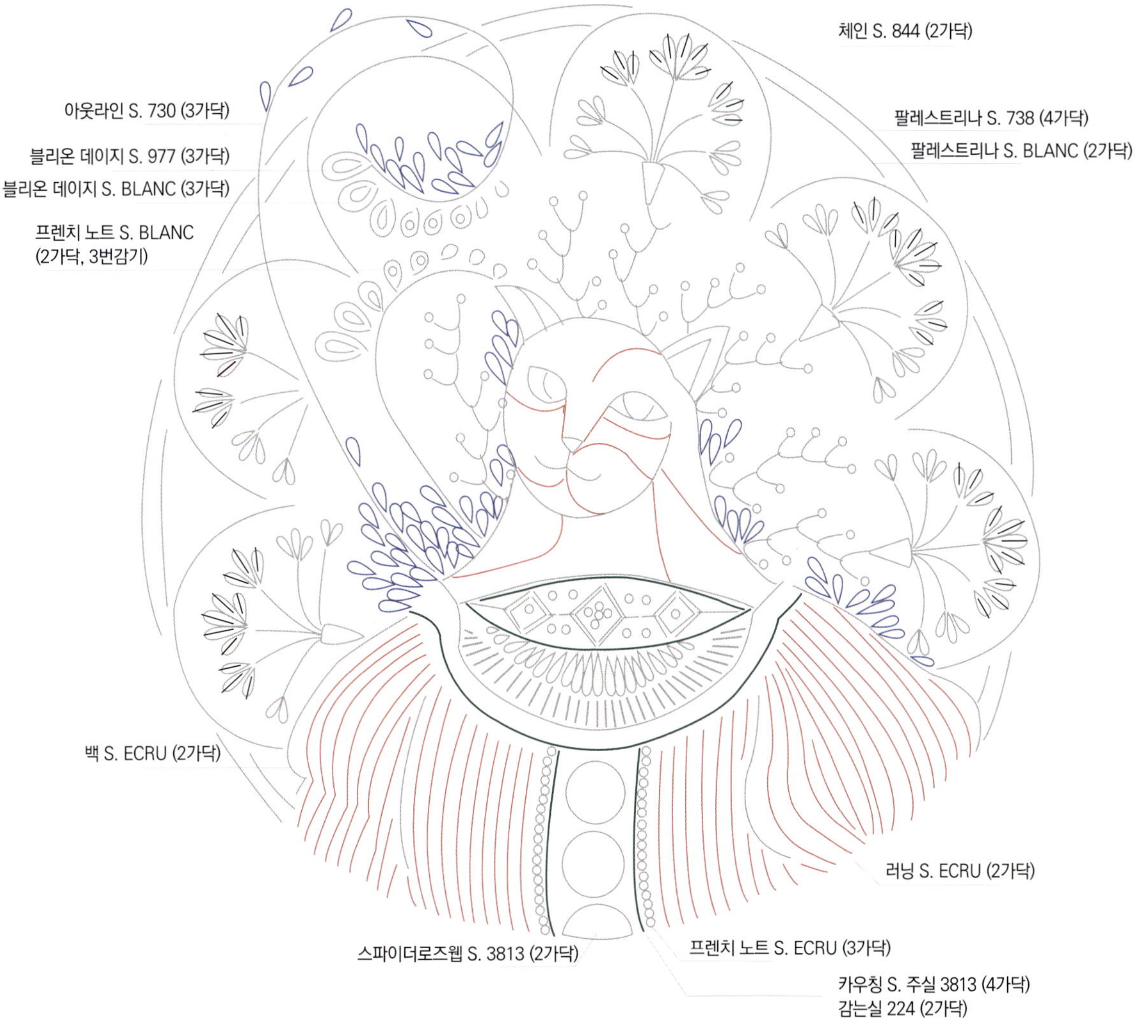

체인 S. 844 (2가닥)

아웃라인 S. 730 (3가닥)

팔레스트리나 S. 738 (4가닥)

팔레스트리나 S. BLANC (2가닥)

블리온 데이지 S. 977 (3가닥)

블리온 데이지 S. BLANC (3가닥)

프렌치 노트 S. BLANC
(2가닥, 3번감기)

백 S. ECRU (2가닥)

러닝 S. ECRU (2가닥)

스파이더로즈웹 S. 3813 (2가닥)

프렌치 노트 S. ECRU (3가닥)

카우칭 S. 주실 3813 (4가닥)
감는실 224 (2가닥)

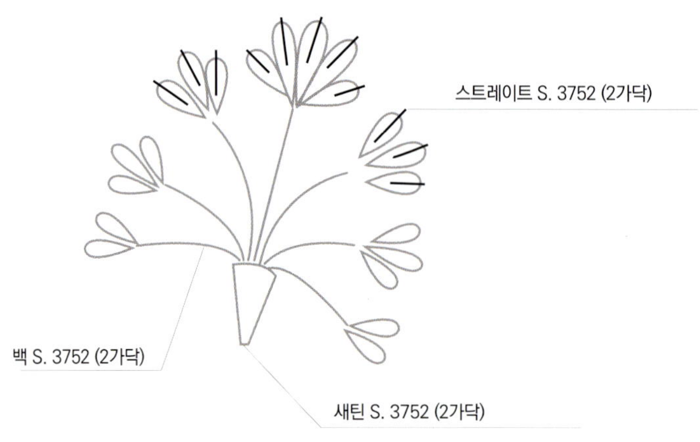
스트레이트 S. 3752 (2가닥)
백 S. 3752 (2가닥)
새틴 S. 3752 (2가닥)

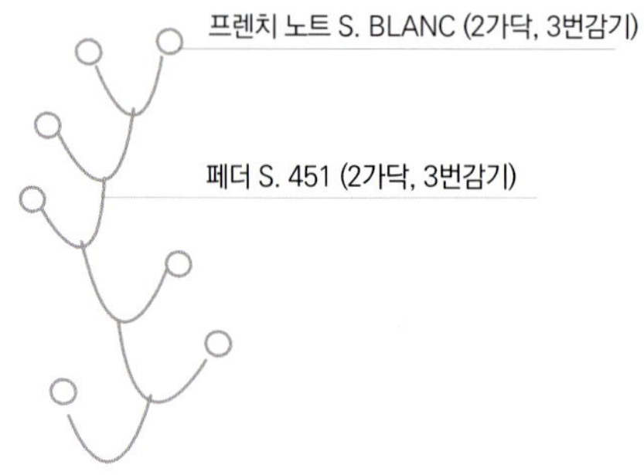
프렌치 노트 S. BLANC (2가닥, 3번감기)
페더 S. 451 (2가닥, 3번감기)

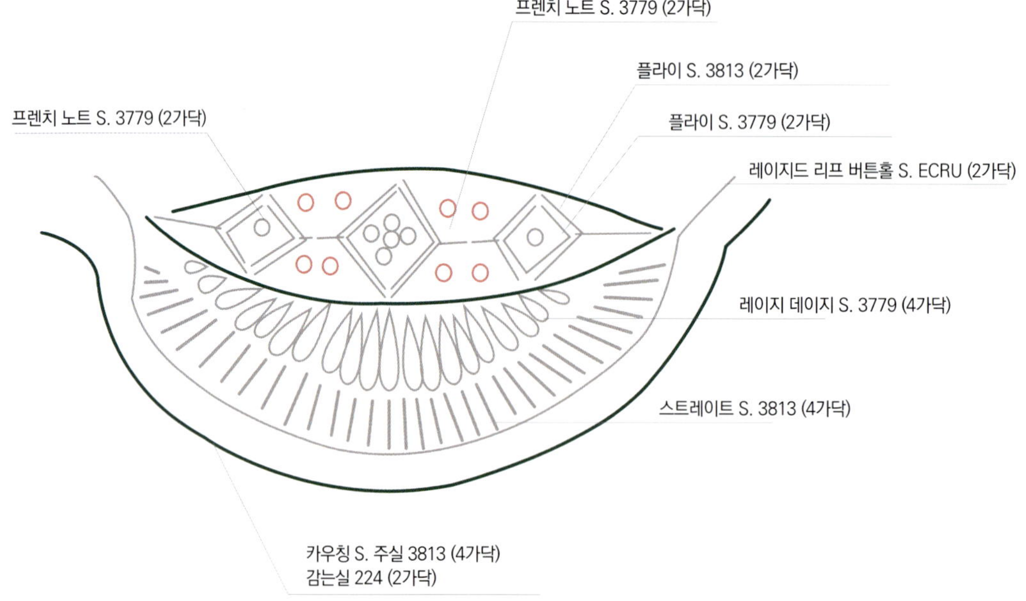
프렌치 노트 S. 3779 (2가닥)
플라이 S. 3813 (2가닥)
프렌치 노트 S. 3779 (2가닥)
플라이 S. 3779 (2가닥)
레이지드 리프 버튼홀 S. ECRU (2가닥)
레이지 데이지 S. 3779 (4가닥)
스트레이트 S. 3813 (4가닥)
카우칭 S. 주실 3813 (4가닥)
감는실 224 (2가닥)

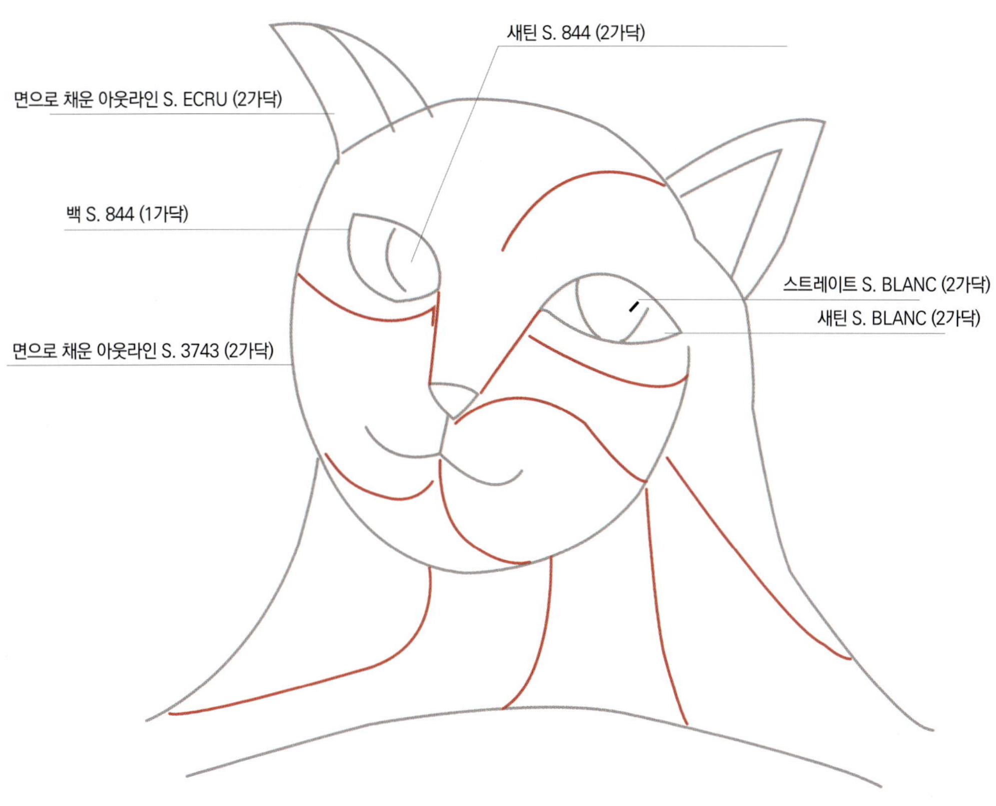
새틴 S. 844 (2가닥)
면으로 채운 아웃라인 S. ECRU (2가닥)
백 S. 844 (1가닥)
스트레이트 S. BLANC (2가닥)
새틴 S. BLANC (2가닥)
면으로 채운 아웃라인 S. 3743 (2가닥)

chapter. 03

자수 수틀 만들기

원하는 곳에서 시작해서 러닝 스티치를 합니다. 마무리 할 때 세게 당길 예정이니 4가닥 이상으로 실을 끼웁니다.

전체적으로 러닝스티치를 수놓은 모습입니다.

시작한 부분에서부터 부분적으로 꼼꼼히 당겨 끝까지 당깁니다.

끝까지 당긴 부분에 최대한 풀리지 않도록 매듭을 짓습니다.

EPILOGUE

이상한 나라의 고양이의 주인공은 사실 주변의 모든 고양이들입니다.

이불 속에서 꼼지락거리는 발가락이 장난감이라도 된 것처럼 달려드는 아이,
어쩔 수 없이 집으로 들고 온 노트북을 꺼내면 그 위로 누워버리는 아이.
평소에는 부르면 잘 오면서 오늘따라 아무리 오라고 해도 오지 않는 아이.
골목에서 잠깐 보였다가도 어디론가 어둠이 집어삼키듯 사라지는 아이들.
그리고 별이 되어 하늘에서 나를 지켜보는 아이들도.

모두 이상한 나라의 고양이의 주인공입니다.

한 땀 한 땀 고양이를 수놓고 있자니, 문득 제가 얼마나 리차드와 요정이를 아끼고 있는지 새삼스레 떠오릅니다. 공방에 출근하면 냥냥 대며 빨리 문 열라고 얘기하는 요정이와, 집에 가면 배고프다고 냥냥 대는 리차드의 모습이 도안 구석구석에 담겨있습니다. 집사님들과 집사님이 아니신 분들도 고양이와 함께하는 다양한 장면을 상상해 보셨으면 좋겠습니다.

이상한 나라의 고양이는 주로 예쁘고 귀여운 고양이의 모습을 담았지만 이 책이 고양이를 비롯한 도시에 사는 동물에 대한 관심이 생기는 것에 도움이 되었으면 하는 바람입니다.

저자협의
인지생략

• 이본느모건의 고양이 자수 •

이상한 나라의 고양이

1판 1쇄 인쇄 2018년 10월 15일
1판 1쇄 발행 2018년 10월 20일

지 은 이 이명성
발 행 인 이미옥
발 행 처 아이생각
정　　가 15,000원
등 록 일 2003년 3월 10일
등록번호 220-90-18139
주　　소 (03979) 서울 마포구 성미산로 23길 72 (연남동)
전화번호 (02)447-3157~8
팩스번호 (02)447-3159

ISBN 978-89-97466-52-8 (13630)
I-18-09

www.ithinkbook.co.kr